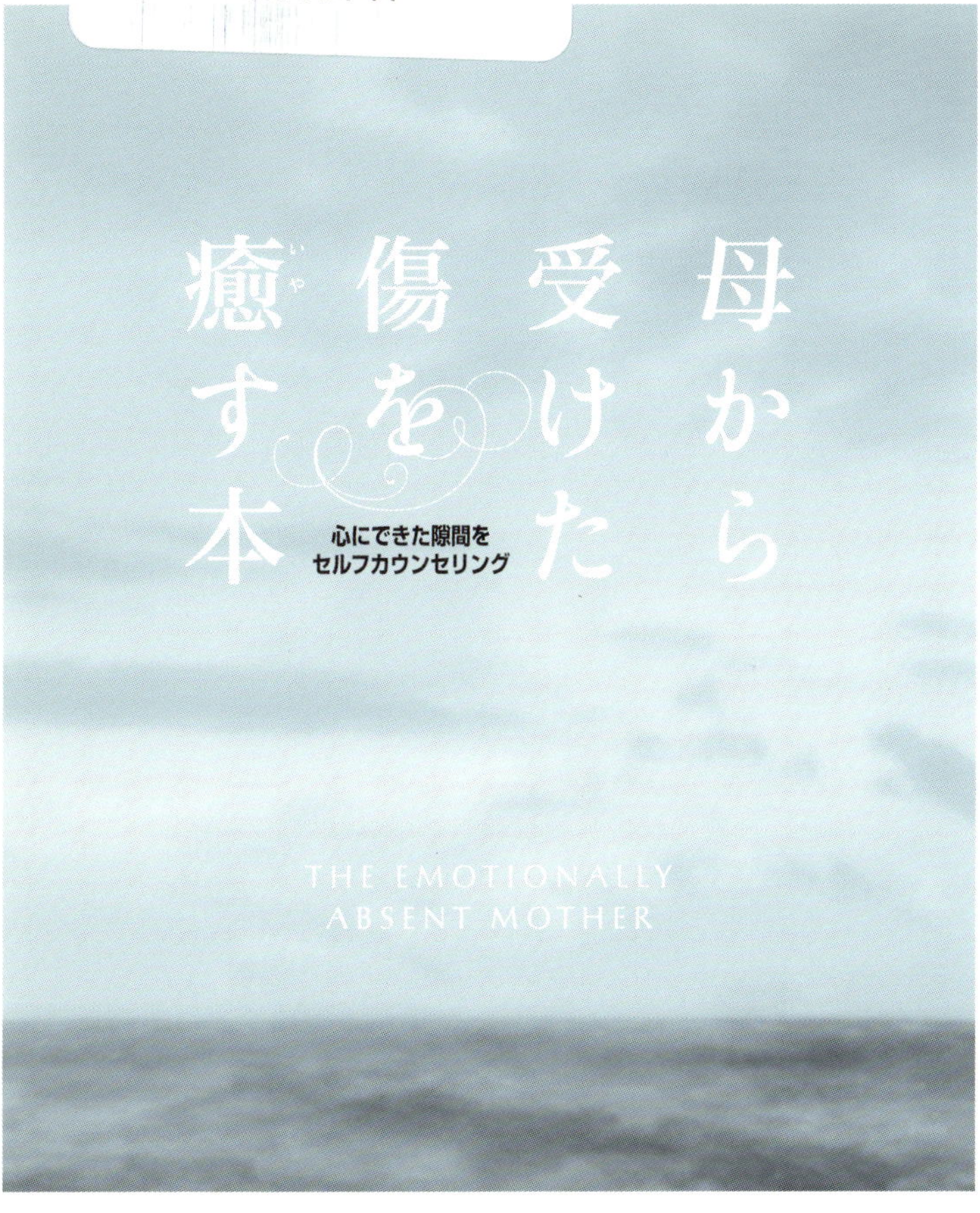

母から受けた傷を癒《いや》す本

心にできた隙間をセルフカウンセリング

THE EMOTIONALLY ABSENT MOTHER

ジャスミン・リー・コリ（心理療法士）

浦谷計子 訳

さくら舎

はじめに――心にできた隙間は埋められる

私たちが母親に対して抱く感情ほど深遠な経験は人生においてめったにありません。そうした感情の根っこのいくつかは、言語習得以前の深い記憶の闇《やみ》に埋もれています。

そこから伸びた枝は四方八方に広がり、あるものは燦々《さんさん》と陽を浴びて輝き、またあるものはポキリと折れて、そのギザギザの先端で私たちの心を傷つけたりもします。母親とはそれほど一筋縄《ひとすじなわ》ではいかない問題なのです。

文化的に見ても心理的に見ても、母親にまつわる私たちの感情はたいてい矛盾《むじゅん》だらけで複雑です。「ママとアップルパイ」はアメリカ人に愛される強烈な母性のシンボルですが、国の政策面での扱いは、他の先進国に比べてお粗末な出産育児休業制度を見てもわかるように、ぞんざいなものです。

マザリング（母性的な養育）がほんとうに重視されているなら、経済的な支援や育児支援、そして母親教育はもっと充実しているはずでしょう。母親はうやうやしく奉《たてまつ》られているわりに、その台座の下にはほとんど支えがない、というのが実情なのです。

大人になった私たちはこんなふうに感じています。「母親は敬《うやま》わなければならない」「母親はいて当たり前と思われがちの、報《むく》われない存在である」と。そうした気持ちや意識からほとんどの人は逃れられずにいます。それでいて、たいていの人は内心ひそかに（あまりひそかではない場合もありますが）不満を抱えています。

母親に落ち度があろうとなかろうと、自分が求めていた大切なものを母親が与えてくれなかったことに憤《いきどお》っているのです。そして、そのツケを今も払いつづけているわけです。

　これは母親にとっても私たちにとっても複雑な問題です。人によっては、母親を悪者にしたくないという気持ちから、母親に不満を持つ者に批判の矛先《ほこさき》を向けるようになります。まるで私たちが自分の悩み苦しみの原因を母親になすりつけようとしている、とでも言わんばかりです。

たしかに、憂《う》さ晴らしのために母親を責めたて、自分では傷を癒《いや》す努力を怠《おこた》っている人もいるでしょう。けれども、セラピストとして私がたびたび直面するのは、むしろ、母親擁護《ようご》をやめることへの圧倒的な罪《ざい》悪感《あくかん》と抵抗なのです。心の中だけでこっそりと母親を批判することさえも恐れているようです。

　自分の中にある母親のイメージを壊すまいとし、ただでさえ脆《もろ》い母親との関係に波風を立てそうなことはいっさい受けつけません。ずっと意識の外へ追いやってきた失望、怒り、痛みから自分を守りたいのです。のちほど詳しくお話ししますが、ほとんどの人は自分の母親に何が欠けていたのかを直視しようとしません。真実と向きあう覚悟ができていないからです。

　母と子のような複雑な人間関係には愛情と憎しみが入り乱れるものです。たいていの子どもは、自分の欲求や願望が満たされず憎しみを感じる瞬間があります。ただし、ママとの絆《きずな》があまりにも脆い場合、その憎しみを表に出そうとはしません。

　そしてまた、どんな子どもでも母親に対して愛情を抱きます。たとえ忘れ去られても、拒絶されても、母親を愛さずにいられないのです。

　心理学者ロバート・カレンは愛着に関する研究の集大成で、次のように雄弁に語っています。

　　実質的にすべての子どもは、たとえ虐待《ぎゃくたい》を受けている子であっても、自分の親を愛している。子どもはそのようにできているのだ。彼らは傷つき、落胆することもあるだろう。求めてやまない愛をむしろ遠ざけてしまいそうなほど荒ぶることも。たとえ不安定な形であろうと、愛着を持つことは愛することなのだ。その愛に触れることは年々むずかしくなっていくかもしれない。成長するにつれ、子どものほうから、絆を求める気持ちを否定してみたり、親を疎《うと》ましく思ったり、まったく愛していないなどと言い張ったりするようになるからだ。けれどもそこに愛はある。おおっぴらに愛を表現したい、そして愛されたいという本心と同様に、どこか隠れたところで、依然として愛は太陽のように燃え盛っているのだ。

カレンの言葉はこの関係の複雑さを表しています。人は母の愛を求めずにはいられない存在なのです。マザリングとは何かという問いは、実際に母である人にとってもデリケートな話題です。私がこの本を書きはじめた当初、子を持つ女性に本の内容を話そうとすると、彼女たちがある種の罪悪感から、とたんに身構えることに気づきました。

「そんなにかいかぶらないでほしいわ。子どもの人生に影響を与えるのは私だけじゃないでしょう。どんなふうに成長するかは母親一人の責任ではないはずよ」

もっともな言い分です。人間はそれぞれ驚くほどの違いを持って生まれてきます。さらには、誕生の順番、父親との絆の強さ、父親のかかわりや適性、子どもの基本的な生理機能に対する環境要因や遺伝的要因、家庭内の人間関係、身内の重病などの大きな出来事、文化的背景がもたらすストレスといった事柄も子どもに影響を及ぼします。

とはいえ、こうした多くの要因も母親の影響力にはかないません。やさしくて有能で面倒見のいい母親がいるだけで、他の不利な条件を帳消しにできるでしょうし、そういう母性愛に満ちた養育が不足することは最大のマイナス要因になりうるのです。

母親がその偉大な役割を期待どおりに果たさなければ、子どもの土台となる部分にぽっかりと大きな穴があいてしまうからです。

この本で母親に注目するのは、世のお母さんたちにさらなる罪の意識や責任を感じてほしいからではありません。マザリングの質が子どもの発達に決定的な影響を与えることに気づいていただきたいからです。その影響力を理解すれば、自分自身についての理解も深まるでしょう。そして何よりも、成長の途中でやり残した課題を完結させ、マザリング不足から生じた自身のトラウマを癒すことにつながるのです。

すでに母親である読者や母親になる予定の読者にとって、この本で解説するマザリングの機能や重要性は、今後、育児に取り組むうえで役立つことでしょう。もちろんマザリングには本能的な側面もあります。良好な母子関係のもとで育った人が母となり、そのまた娘へと伝えていく側面もあるでしょう。けれども多くの女性にとって、マザリングは意識的に学ばなければならない課題なのです。

もしあなたが母親からの愛情を十分に受けずに成長したとすれば、課題は二倍になります。あなた自身の傷を癒すこと、そして自分の子に対して、あなた自身が受けた子育てとは違う子育ての道を切り開いていくことです。

マザリング不足がどう影響するかは、子の性別によって違いますが、そこには共通点も存在します。男女別の影響を述べた本は何冊も出ていますから、この本では共通点に絞《しぼ》ってお話しすることにしましょう。また、情緒的なかかわりの薄い母親、つまり心理的に「不在」ともいえる母親による不適切なマザリングのスタイルにも注目します。母親の心がわが子に向かわないのにはさまざまな理由があるという点についても、詳しく見ていきます。

プライベートでも心理療法の場でも、私は、母親の愛情を十分に受けずに成人した人たちと接してきましたが、この問題に取り組みはじめてからというもの、そういう人たちへの理解をさらに深めたいと思うようになりました。

そこで当事者たちにインタビューを申しこんだところ、続々と反応が返ってきました。こちらから声をかけたのは女性が多かったことはたしかですが、案の定、男性より女性のほうが自分の体験を語ることへの抵抗が少ないようでした。

これは科学的なサンプリングにもとづいた調査ではありませんから、人口統計学的、社会学的な視点からとらえた現象とまでは言えません。ただし、当事者たちの勇気ある告白や示唆《しさ》に富んだ体験談には、私たち誰もが耳を傾けるべき価値があると思うのです。

ですから、本書にはこうした面接で得た事実をちりばめました。とりわけ重点的に盛りこんだのが第6章「母の愛を知らずに育った人たち」です。そこでは、体験者が子どものころにどんな環境に置かれていたか、そして、大人になってどんな問題に直面したかに注目します。

第1章では、現実より理想という観点からマザリングの役割を述べ、〈グッドマザー〉という概念を紹介します。第2章では、その〈グッドマザー〉が子どもの人生に果たす役割をさらに詳しく分析します。

続く第3章では、母子の絆の強さや質を示す愛着の問題を扱います。安定型であれ、不安定型であれ、愛着は生涯にわたってその人に影響を及ぼします。第4章は、理想的なマザリングに欠かせないその他の要素、たとえばスキンシップ、リラックス、安心感などをテーマに取りあげます。

そこから先は母親不在の話題に移ります。第5章「心の叫び『ママはどこ?』」では、わが子と心を通わせられない母親とはどんな母親か、なぜそうなるのか、そのことが子どもにどんな影響を与えるかを論じます。さらにその問題を掘りさげたのが、面接の結果を収めた第6章です。

第7章から先は問題解決に移ります。まず癒しのプロセス全般を見渡したあと、第8章ではその受け皿である心理療法に的《まと》を絞り、第9章以降ではセルフヘルプに注目します。

第9章は、伴侶《はんりょ》などの信頼できる他者が持つ〈グッドマザー〉的エネルギーとコネクトすることについて、第10章では、「育て直し」のテーマをさらに展開させ、インナーチャイルドへの働きかけと自分が自分のよき母親になることについて論じます。

　第11章では、子どものころにどんな欲求が満たされなかったのか、そして大人になった今、それを満たすためにはどうすればいいかについて、主体的なアプローチを紹介します。

　最後の第12章では、母子の間でくり広げられてきた人間関係のドラマを、より客観的に見つめられるようにします。マザリング不足のまま成人した人は、今後、母親とどのようにつきあうべきか、母親から受けた負の遺産をわが子の育児に持ちこまないためにはどうすればいいか、癒しに至るプロセスはどういうものかを述べています。

　また本書はところどころにエクササイズを提供していますが、お好きなように取捨選択してください。一気に読み進めずに、ときどき休憩を挟《はさ》みましょう。頭の中を整理して、ご自分の状況と読んだこととを照らしあわせていただきたいからです。

　質問にいちいち回答しないとしても、それを読んでどんなことを感じたか、心の声に耳を傾けてみてください。自分自身についての理解を深め、自力で癒しをもたらすこと、それこそが、この本を読む意義なのです。

　焦《あせ》らずに時間をかけましょう。どうかご自分に目を向け、いたわってあげてください。何か特定の課題を負担に感じるとしたら、自分がどんなサポートを必要とし、何に過敏に反応しているのかを立ち止まって考えましょう。

　無理せずにできることだけに取り組み、自分自身の〈グッドマザー〉となるよう心がけてください。できなかった課題にはまたいつか取り組めばいいのです。

この本は三つのことを目的としています。

●自分には、どんなふうに、どの程度、マザリングが不足していたかを知る

●自分が受けた養育とその後の人生で直面している問題の関係性を知る。人格的な「欠陥」だと思っていたことが、じつはマザリング「不足」からきているとわかれば、自己非難から解放される

●セラピーや親密な人間関係あるいは自助努力によって、成長時に不足していた要素を満たす方法を知る

幸いなことに、マザリング不足で心にできた隙間は、今からでも埋めることができます。完全にふさぐことは無理だとしても、驚くほど小さくできるでしょう。

あなたの中の愛に飢えた幼な子を癒し、自信と愛情にあふれた大人に生まれ変わらせてください。さあ、旅を始めましょう。

ママはどこ？

歩きはじめた　あの日は
よちよちでも　得意げだった
飛べることを知った　雛鳥《ひなどり》のように
うれしくて　しかたなかった
こぼれかけた笑みが　消えたのは
振り向いたそこに　あなたがいなかったから
ママ　ママはどこなの？

学校に上がった　あの日は
にぎやかなバスに　揺られ　揺られ
見知らぬ場所へ　運ばれていった
押し寄せる子どもたち
見つめる大人たち
何が何だかわからない
ママ　ママはどこなの？

はじめて泣いて帰った　あの日は
あざけるような　友だちの笑い声と
容赦ない言葉が　耳にこだましていた

ちょっとばかり　慰《なぐさ》めてほしかったのに
あなたは　ひとことも　発してはくれなかった

古い写真に　写ってはいるけど
記憶の中に　あなたは存在しない
抱いてくれたことも　慰めてくれたことも
二人きりの　特別な時間もなかった
あなたの匂い　あなたのぬくもり
どうしても　思い出せない

覚えているのは　あなたの瞳の色と
その奥に潜《ひそ》む　深い苦悩ばかり
苦しみだけじゃない　どんな感情も　ひた隠しだった
わたしには覗《のぞ》くことのできない　その仮面の下に

あなたの目に　わたしは映らなかった
幼い心に　あなたのぬくもりは　届かなかった
わたしたちは　どこで行き違ったのだろう
ママ　あなたは　どこへ行ったの？
わたしが　悪い子だったの？

――ＪＣ

◆目次

第3章　欠かせない絆

第4章　「私」という人間を形づくるもの

第5章　心の叫び「ママはどこ？」

第6章　母の愛を知らずに育った人たち

第11章　さらなる癒しを求める実践的アプローチ

母から受けた傷を癒《いや》す本

心にできた隙間をセルフカウンセリング

第1章　ほどほどによい母親⁉

◆母親とは「命の木」

いつだったか、「人間家族」と題する写真展が世界各地を巡回《じゅんかい》し、写真集にもなったことがありました。その中に忘れられない一枚があります。

ひょろりと背の高い黒人女性が二人の子どもを連れて佇《たたず》んでいる写真です。三人の褐色の顔は陰になっています。写真集の向かい側のページには格言が引用されていました。

「母親は子どもにとって命の木である」

命の木。それは、生命を守り、かくまい、慈《いつく》しみ、また、ときには遊ばせ、ときには食べ物を与えてくれる存在です。小さな子どもにとっては、さぞかし大きな木に見えることでしょう。そして、それは他の誰のものでもない「自分だけのもの」と感じさせてくれる存在なのです。

神秘思想では、この世は命の木を中心に回っています。それと同様に、「母親」も家族の中心であり、子どもはその母のまわりで情緒をはぐくんでいきます。実際、キリスト教が誕生する以前の歴史では、命の木は母親として描かれることが多く、木の姿をしたグレートマザー（訳注：太母《たいぼ》、地母神）がしばしば登場します。

このように木は母なるものの自然な象徴なのです。実をつけ、花を咲かせ、鳥や獣を集《つど》わせる木は、安全と恵みの提供者です。枝々を広げ、こんもりと茂ったその姿は、豊穣《ほうじょう》の泉の形にも似ています。命の木という元型は、豊かな恵みや、「与える」という感覚を含んでいるのです。

こうした元型をみごとにとらえているのが、シェル・シルヴァスタインの絵本『おおきな木』(村上春樹訳　あすなろ書房)でしょう。一人の少年と、彼を深く愛し自分のすべてを与えようとする大樹の物語は、一九六四年に出版されて以来、愛と献身の寓話《ぐうわ》の最高傑作とうたわれてきました。

大きな木は少年のために、あるときは幹によじ登らせ、あるときは日陰をつくり、あるときは実を食べさせ、またあるときは家の材料となる枝を差しだし、ついには、ボートをつくるために幹を切り倒させます。そして物語の最後、切り株だけになった大きな木は、年老いたかつての少年に安息の場を提供するのです。

多くの人が指摘しているとおり、少年と大きな木は子どもと母親の関係によく似ています。大きな木が、つねに少年の要求を一番に考え、与えて、与えて、与え尽くす様は、まさに母親に求められる役割の一つです。

けれども、こうした役割と女性自身の欲求はしばしば葛藤《かっとう》を引き起こします。母親というより一人の人間として、誰にも縛《しば》られずに成長したいという欲求です。現に、子育てや結婚のせいで自分らしく生きられないと嘆く女性はあとを絶ちません。人生のほんの一時期だけでも他者の要求を優先させようという覚悟がないうちは、母親になる準備が整ったとは言えないでしょう。

もちろん、子育てという一大事業に本腰を入れられない女性たちにも、正当な理由はあるはずです。ところが不幸なことに、そんな女性たちには選択の余地がない(あるいは、ないように感じられる)場合が多いのです。

たとえば、予定外の妊娠や周囲の期待に流されて母親になっていく場合もあるでしょう。しかも、自分自身が大人になりきれていない女性も大勢います。つまり、前途に何が待ち受けているかも知らず、準備不足のまま母親になっていくわけです。

自分の欲求が十分に満たされていないとき、他者に自分を分け与えることは容易ではありません。ところが、子育てとはまさに与えることの連続なのです。母親は、子どもが寒がれば自分のぬくもりを、お腹をすかせればおっぱいを与えます。

赤ん坊がお腹の中にいるときも、生まれてからも、母親は自分の骨のカルシウム分を分け与えています。しかも、これらはあくまでも母親に求められる最低限の仕事なのです。そう考えると、母親業とはまさしく犠牲以外の何ものでもありません!

◆栄養になるか毒になるか

私たちは母親でできているという考えには、二つの重要な視点があります。その一つは、私たちが母親の身体の中で、母親の身体をもとにつくられたという生物学的な視点です。

もう一つは、母親が私たちの性格や精神構造の一部を成しているという心理学的な視点です。あたかも母親が自分の一部になっているかのようです。この件については、本書を読み進めるうちに理解を深めていただけると思います。

私たちがどんな人間で、自分をどう見ているか、どんな自尊感情を持ち、無意識のうちに人間関係をどうとらえているか、そういったことにはすべて母親からの強い刷りこみがあります。母親だけが唯一の影響力ではありませんが、母親とのかかわりあいが私たちの心の基本材料になっているのです。

そうした素材が栄養になるか毒になるかは、母子関係の質に大きく左右されます。その際に肝心なのは、母親が子どもに何を「する」かよりも、むしろ、どういう意識エネルギーと愛を持ってそこに「存在する」かなのです。

たとえば赤ん坊にミルクを与えるとき、母親が心ここにあらずの状態だったり、不機嫌《ふきげん》だったりしたらどうでしょうか？　一方、母親が赤ん坊に心を寄せながらミルクを与えれば、そのミルクは愛情と渾然《こんぜん》一体となって受け止められるでしょう。

感情的に不在の母親、つまり心がうつろな母親から与えられるミルクに、そうした栄養はありません。「さあお飲みなさい」と快く差しだされてもいないミルクに、赤ん坊は違和感を覚えるでしょう。あるいは、ミルクを飲むときの母親とのかかわりあいに何か好ましくないものがついてくる、と感じるかもしれません。

子どもらしい表現を借りるなら、母親のかかわりかた次第で「ごきげん」にもなれば、「さいあく」にもなるのです。もちろん、現実はこのように白か黒かといった極端なものばかりではありませんが、赤ん坊は強烈な感覚でこの世界を経験し、受け止めます。

母親を支えと感じ、どんなときも愛情を注いでくれる存在だと感じる子がいる一方で、何の生気もない存在、あるいは毒のような存在と感じるようになる子もいるわけです。その毒は、まさに母親とのかかわりから吸収したものであり、おそらくは母親自身の中にあったものでもあるでしょう。

◆母親以外でも「母親になれる」

この本で一貫して使っている「母親」という表現は、生物学的な母親だけに限定されるものではありません。もちろん、生みの母親との関係は、たとえ生後まもなく絶たれた（死別や養子縁組などで）場合であっても、その子の生涯に大きな意味を持つでしょうが、ここで言う「あなたの母親」とは、生みの親か否《いな》かにかかわらず、あなたの人生で実際に子育ての中心的役割を担《にな》っていた人物を指しています。

そして〈グッドマザー〉とは、第2章に述べているような具体的な機能、つまり、あなたを慈しみ、はぐくみ、守ってくれる大人を意味します。〈グッドマザー〉の候補には養母、祖母、義母も含まれます。場合によっては、よい父親が代役を務めることもあるでしょう。あるいは、家族ではなくても、あなたのニーズを満たしてくれる人は（あなたが大人になったあとでも）存在するでしょう。教師、伯母（叔母）、友人の母親、セラピスト、パートナーなどがそうです。

また、あなた自身が成熟を深めていけば、自分の中に母の愛に飢えた子どもが住んでいて、満たされなかった欲求を今も抱えているということを理解できるようになるでしょう。そうなれば自分で自分の〈グッドマザー〉になることも可能なのです。

すべての女性が母親の役割に向いているわけではありませんが、自然の摂理《せつり》では、やはり生みの母が最適であることは間違いなさそうです。母親は乳児が喜ぶような行動を本能的にとるということが研究で証明されています。

スウェーデンの調査では、母親が外で働き、父親が子育てを担当している場合でさえ、乳児は母親のそばにいるのを断然好むという結果が出ています。

また、ホルモン（とくに子宮収縮ホルモン）の働きからいっても、生物学的な母親が有利にできています。そうしたホルモンは子どもと絆《きずな》を結びたいという気分を誘発するとされ、また愛着行動とも強い相関性があるからです。

授乳行為は乳児が母親の目を見つめるのに最適な距離を母子の間につくりだします。もちろん、母親との関係は胎児のときからすでに始まっています。子宮の中で母親の鼓動《こどう》や声を聞き、お腹の上から撫《な》でられるのを感じ、母親の意識のエネルギーを感じとっているのです。とはいえ、そうした生物学的な利点があっても、それだけで母親業を引き受ける準備が整うわけではありません。だからこそ、生物学的な母親以外の人間でも「母親になれる」という事実は好ましいのです。

◆よい母親かどうかは子どもが決める

母親は完璧である必要もなければ、そうなれるものでもありません。完璧かどうかは、そもそも子どもが決めることです。ほどほどの母親であっても、基本的欲求を満たしてくれる限り、子どもの目には神様に映るでしょう。このことは母親にとっては好都合です。

誰かに一〇〇パーセント頼るしかない赤ん坊は、相手を頼もしい存在と思いたいのです。至れり尽くせりの対応ではなくても、多少の不注意やアラには目をつぶり、ポジティブな面に注目する、というのは、心理学的にも生物学的にも好ましいことです。子どもが幸せであれば、母親の子に対する絆も強まるからです。

「ほどほどによい母親」とは、小児科医で精神分析家でもあったD・W・ウィニコットが生みだした言葉です。子どもが人生の好スタートを切れるように、ちょうど必要なだけの養育を行う母親を指しています。

ウィニコットによれば、ほどほどによい母親の一番の役割は赤ん坊の欲求に適応できることです。最初は乳児の欲求にほぼ完璧に合わせますが、子どもが我慢を覚えるにつれ、少しずつ適応の度合いを下げていく、それがほどほどによい母親です。赤ん坊の欲求に対していちいち完璧に、しかも即座に対応していると、赤ん坊は、新しい行動やスキル、待つことや我慢することを覚えようとはしなくなる、というのです。

近年の研究でも、ほどほどによい子育てを実現するために、母親が一〇〇パーセント子どもに同調（波長を合わせていること。「調律」とも言う）し、対応する必要はないという考えの正しさは、裏づけられています。同調が必要とされるのは、全体の三〇パーセントの時間にすぎません。これは母親にとって無理な注文でしょうか？

心理療法士のダイアナ・フォシャはこう言います。「自然な同調能力と（少なくとも）同じくらい重要なのは、波長がずれたときに、もう一度、最適な状態に絆をつなぎ直すことのできる能力である」

母子のつながりはどうしても途切れるものです。ほどほどによい母親はそれを修復できなければなりません。つねに完璧な行動はとれなくても、間違ったときには軌道修正するのです。

研究が示唆《しさ》するように、その点では子ども自身が母親の助けになりそうです。なぜなら、赤ん坊は母親と強い絆を結びたいという欲求とそれを維持する能力を持って生まれてくるからです。そればかりか、母親の軌道修正能力を引きだす力も備えていることが明らかになってきました。子どもが途切れた絆を取り戻せたとき、当然ながら、自分には力があると感じます。

逆に、母親の気をふたたび引くことができないと、無力感に陥《おちい》り、絆を結ぼうという気持ちや自分の要求を通そうという気持ちがそがれていくのです。

母親が気もそぞろで、子どもの欲求を満たせるほど波長を合わせていないと、子どものほうが母親に迎合しはじめます。自己の核を形成するような体験を得られないと、子どもはウィニコットの言う「偽《いつわ》りの自己」をつくりあげていきます。

◆10のグッドマザー・メッセージ

基本的欲求に対する母親の応えかた次第で、赤ん坊は、母親にどれくらい大切に思われているかを感じます。

赤ん坊の欲求に、母親は快く（それどころか楽しんで）応えているか、それとも「ああ面倒くさい」という態度で接しているか。

おむつや衣服を替えるとき、やさしくいたわるように触れているか、それとも、手際はよくても、ぶっきらぼうな接し方か。後者はきっと機械的な感じがするでしょう。さらには目や表情で何を語っているか、行動や選択は何を伝えているか、これらのすべてが合わさって母親のメッセージとなり、母子関係の土台を形づくっています。

まず、「グッドマザーのメッセージ」とは何かを、次に、そうしたメッセージが不足すると、子どもは何を感じるかを考えてみましょう。

●基本となる10のグッドマザー・メッセージ

① ママはあなたがいてくれてうれしい
② ママはあなたを見ている
③ あなたはママにとって特別な存在
④ ママはあなたを尊重している
⑤ ママはあなたを愛している
⑥ あなたが何を求めているかはママにとって重要なこと。だからママに助けを求めて
⑦ ママはあなたのためにいる。あなたのためなら喜んで時間をつくる
⑧ ママはあなたを守る
⑨ ママのそばでくつろぎなさい
⑩ ママはあなたといると楽しい。あなたは私を元気にしてくれる

では、一つひとつを詳しく見ていきましょう（リスト1）。

① ママはあなたがいてくれてうれしい

これは子どもに最初に届くべき重要なメッセージです。「あなたはかけがえのない存在だ。あなたにいてほしい」という気持ちは、母親の行動から伝わります。

自分は望まれた存在だという根源的な感覚は子宮の中から始まるとされています。生まれてからも、赤ん坊には、自分が求められているかそうでないかを感じる局面がたくさんあります。ただし、それらの経験は、一〇〇かゼロかという極端なものではなく、強弱や濃淡があるはずです。自分は望まれない存在だと感じる瞬間のあとに、それを洗い流してくれるような重要な経験もあるでしょう。「あなたがいてくれてうれしい」というメッセージが届けば子どももうれしくなります。自分はここにいていいのだ、この肉体を持ち、存在していてかまわないのだと感じるのです。

② ママはあなたを見ている

母親は、おもに「ミラーリング（共感的な映しだし）」（第2章47ページを参照）と「調律的応答」によって、赤ん坊に「あなたをちゃんと見ているよ」というメッセージを発信します。つまり、「あなたが何を好み、何を嫌っているか、あなたが何に興味を持ち、何を感じているか、ママはわかっているよ」と伝えているわけです。見られていることは理解されていることなのです。

③ あなたはママにとって特別な存在

このメッセージ（ふつう言葉にはしませんが）は、「あなたはかけがえのない宝物だ」ということを意味しています。他のメッセージの場合もそうですが、「ありのままを認めている」という感覚も同時に伝わらなければなりません。特別さを、表面的な性質やイメージと結びつけてはならないのです。

④ママはあなたを尊重している

母親が子どものユニークさを認め、必要以上にコントロールしようとせず、子どもの好みや決定を受け入れ、ありのままのその子を大切に思っている、という意味です。純粋に自分が尊重され愛されていると感じた子どもは、親の気持ちや意図に合わせるのではなく、唯一無二の自分を発見し、自己を表現してもいいと感じるでしょう。

⑤ママはあなたを愛している

「アイラブユー」は頻繁《ひんぱん》に使われるシンプルな言葉ですが、正真正銘の心からのメッセージとして伝わらなければなりません。多くの子どもが一日に何度もこの言葉を耳にしますが、その一方で、一度も聞かずに大人になる子もいます。また、このメッセージは、何か裏があるように思われたり、見返りを求めていると受け取られたりしたのでは、意味がありません。

愛をもっとも効果的に伝えられるのは、言葉以外の方法かもしれません。ふれる、声の調子を変える、目や表情で訴える、ボディランゲージで表す、気づかうといった方法です。「自分は守られている、包まれている」という安心感（たとえば境界線や決まりごとを設けることでつくられる）によっても愛は伝わります。

⑥あなたが何を求めているかはママにとって重要なこと。だからママに助けを求めて

「あなたの欲求はママにとって重要だ」というメッセージは、子どもを「優先している」ことを表しています。世話をするのは「そうしなければならないから」だけでなく、「大切なことだからだ」という感覚が伝わらなければなりません。このメッセージによって、子どもは、母親が愛情と純粋な思いやりから面倒を見てくれていると感じます。そして「ママに助けを求めて」というメッセージによって子どもは解放されます。欲求を隠さなくてもいいのだ、自分で自分の面倒を見なくてもいいのだ、と感じるのです。

⑦ ママはあなたのためにいる。あなたのためなら喜んで時間をつくる

「ママはあなたのためにいる」は、「私を頼りにしていいのよ。どこにも行かないから」という意味でもあります。何か具体的な欲求が発生した場合だけでなく、「あなたのそばにずっといるよ」と言っているのです。このメッセージによって、子どもはくつろぎ、信頼をはぐくみます。

「あなたのためなら喜んで時間をつくる」というメッセージも、「ママを当てにしてほしい。あなたを優先する。大切にする」ということです。

⑧ ママはあなたを守る

「あなたが傷ついたり（必要以上に）困ったりしないように、あなたを守る」ということです。

安心は、子どもがのびのびとこの世界を探索するために必要な感覚です。安心感があってこそ、外に向かって踏みだすことができるのです。養育者の保護がなければ、子どもは縮こまって自分を守るしかありません。

⑨ ママのそばでくつろぎなさい

このメッセージにはいくつかの意味があります。まず、安全な空間があるということ。つねに気を張っていなければならない環境では、安らぐことはできません。またこのメッセージは、子どもにとって助けてもらえる、受け入れてもらえる態勢があることを意味します。「ママはわが家である」ということです。子どもは、自分らしくいられる環境、演じる必要がなく、その人といると慰《なぐさ》められ、心地よくいられる環境を求めているのです。

⑩ ママはあなたといると楽しい。あなたは私を元気にしてくれる

「あなたといると楽しい」は、子どものかけがえのなさを肯定するメッセージです。子どもは尊重されたいだけでなく、相手が自分の存在に喜びを感じてくれていることを知りたいのです。「あなたはママを元気にしてくれる」も、子どもの存在と子どもの持つ力を肯定しています。これによって子どもは自分には価値があるという感覚や自信を育てていきます。

◆グッドマザー・メッセージが伝わらないとき

こうした重要なメッセージが届かない場合、子どもの心にはある種の隙間ができて、欠乏感が生まれます。一つひとつ考えてみましょう（リスト2）。

❶〈ママはあなたがいてくれてうれしい〉

自分は歓迎されている、望まれていると感じられない場合、子どもの中に「自分は存在しないほうがいいのかもしれない」という思いが芽生えます。また、見捨てられるのではないかという大きな不安も生まれるでしょう。

ある女性は、子どものころ自分が望まれていると感じたことが一度もありませんでした。母親といっしょにレストランやコインランドリーに出かけるたびに、置き去りにされるのではないかとおびえたそうです。自分は求められていないと感じることは、幼い子どもにとって、丈夫な土台を持たないことに等しいのです。

❷〈ママはあなたを見ている〉

子どもを見ていない、理解していない母親の対応は的外《まとはず》れなものになります。たとえ子どもを導こうとしても、スタート位置を間違えていたのでは、ガイド役は務まりません。

母親に見守られていないという感覚が続くと、子どもは自分が透明人間になったように感じ、自分がほんとうに存在しているのか確信が持てなくなります。こうした現実感の欠如《けつじょ》は、ほとんど意識しないほどかすかな場合もあれば、強烈な意識となってはびこり、子どもを混乱させる場合もあります。

❸〈あなたはママにとって特別な存在〉

自分は親にとって特別な存在ではないと感じる子どもは、ありのままの自分では愛されないのだと感じます。いっそのこと別の人間になればママは喜ぶのではないか、とさえ思うようになるかもしれません。

❹〈ママはあなたを尊重している〉

自分の能力、限界、選択が尊重されていないと感じる子どもは、自分でもそれらを尊重できるようになりません。自分には価値がないという感覚やうしろめたさが芽生え、ほんとうの能力を発揮できなかったりもします。また、自分の要求を通そうとするより、相手に合わせすぎるようにもなります。

❺〈ママはあなたを愛している〉

十分な愛情を感じられない子どもは、「このままでは愛される価値がないのだ」と思うようになります。

すると、相手が望むような子になれば愛されるかもしれないと思いこみ、自分自身を捻《ね》じ曲げるようになるのです。

❻〈あなたが何を求めているかはママにとって重要なこと。だからママに助けを求めて〉

子どもは、母親が自分の欲求に応えたがっていると感じられないと、「自分は恥ずかしいことを求めているのだ」とか「ママにとって負担になるから、求めてはいけないのだ」と考えるようになります。何を経験しても孤独な思いをします。

❼〈ママはあなたのためにいる。あなたのためなら喜んで時間をつくる〉

残念ながら、親が自分に時間を割《さ》いてくれないと感じている子どもは大勢います。

❽〈ママはあなたを守る〉

保護されているという感覚がないと、子どもは打ちのめされ、この世は危険な場所だと思うようになります。

❾〈ママのそばでくつろぎなさい〉

母親といても安心して自分らしさを出すことができないと、子どもは、絆の重要な部分を失うことになります。一緒にいても気が抜けなかったり、いい子を演じなければならなかったりするので、完全にはくつろげません。

❿〈ママはあなたといると楽しい。あなたは私を元気にしてくれる〉
母親に好かれている、喜ばれているという感覚がないと、子どもは「自分は誰からも求められない厄介《やっかい》者《もの》なのだ。いっそ消えてしまいたい。こんなに場所をとっていてはいけないのだ」と思うようになります。

▼グッドマザー・メッセージを読んで、どんなことを感じたか項目ごとに書き留めてみましょう。それぞれのメッセージはピンときましたか。（こうしたメッセージは言葉ではなく行動で伝えられるものですから、聞き覚えというより）身に覚えはあるでしょうか。それはどんな感覚ですか。
▼リスト1（グッドマザー・メッセージの①～⑩）とリスト2（グッドマザー・メッセージの❶～❿）を項目ごとに比較したとき、どちらの記述が自分に近いと思いましたか。自分の考え、気持ち、感覚にできる限り正直になってください。

エクササイズに取り組んでいると、違和感や不快感が湧きあがってくるかもしれません。どうか自分のペースを守ってください。つらくなったときには、いったん取り組みをやめて、気持ちの整理がついてから再開しましょう。あるいは、頼れる人にそばについてもらってから実践してください。

◆「すべきことをしない母親」問題

幼いころのあなたにほどよいマザリングが欠けていたとすれば、それは養育不足を意味します。つまり、グッドマザー・メッセージや、マザリングの機能（第2章）、安定した愛着（第3章）、スキンシップや愛情などの人格形成に重要な要素（第4章）が不足していたわけです。

もちろん、生存に必要なだけの面倒は見てもらえたのでしょうが、自信、自発性、精神的な回復力（レジリエンス)、信頼、健全な自己主張、自尊心など、この世の荒波を乗り越えていくのに必要な基礎力を伸ばすには不十分だったということです。

この本は、過干渉や虐待《ぎゃくたい》など「すべきではないこと」をしてしまう〈バッドマザー〉に関する本ではありません。むしろ、〈グッドマザー〉として「すべきこと」をしていない母親に焦点《しょうてん》を当てています。「すべきことをしない母親」とは、上《うわ》の空だったり、情緒的な働きかけがなかったり、よそよそしかったりします。そういう母親は子どもの成長に必要な心の栄養を与えることができず、子どもは明白な養育不足になるのです。

家を離れることが多く、疲れ切っていて、家に帰ってもまったく余裕のない母親も、こうした現象を起こしがちです。私は「母親は働くな。子育てに専念せよ」と言いたいわけではありません。けれども、子どものすこやかな成長のためには、母親の精力的なかかわりは不可欠です。子どもの欲求には、丁寧《ていねい》に向きあい、それなりの時間を費やす必要があるのです。

すべきことをしない母親の無関心さや冷淡さには驚くばかりですが、そうかといって、一概に母親ばかりを責められるものではありません。よくよく事情を探れば、母親自身が、うつ病を抱え、心は空っぽ、身体はくたくたで、ストレスだらけという場合もあるからです。

命の木が枯れてしまっては、誰かの命をはぐくむことはできません。

第2章　グッドマザーはたくさんの顔を持つ

◆母親が果たす心理的機能

乳幼児の知覚世界（とくに視覚世界）は、数少ない対象と多くの経験で構成されています。知覚の対象は限定的で重なりあっていますが、一つひとつの経験が強烈に異なるため、別々の対象のように感じられるのです。

それと同じように、〈グッドマザー〉のイメージもいくつもの違う側面を持つものとしてとらえられるでしょう。

私はこれを〈グッドマザー〉のたくさんの顔と呼んでいます。それぞれの顔は、子どもの発達に母親が果たす役割、つまり重要な心理的機能を表しています。

はたして一人の人間が、それほどたくさんの重要な、しかも、きりのなさそうな仕事をほんとうにこなせるのか、と思うかもしれません。もちろん完璧にこなせる人などいないでしょう。だからこそ〈グッドマザー〉は私たちにとって理想であり模範《もはん》でもあるのです。

自分の母親が〈グッドマザー〉の役割をどれくらい果たしていたかを考えることで、私たちは自分の内面に残された母親の指紋を理解し、自分の感情、信念、行動により深い気づきをもたらすことが可能になります。そして自分の中のどの部分が、他の部分よりも多くの支えを必要としているかもわかるのです。

●〈グッドマザー〉の10の顔とは——

①存在の起源
②愛着の対象
③第一応答者
④調整役
⑤養育者
⑥鏡
⑦チアリーダー
⑧指導者
⑨保護者
⑩本拠地

◆①存在の起源としての母親——私の出発点

「母親」は私たちの存在の出発点であり、私たちを形成しているものです。神話や宗教の世界では、生命の根源は母なる女神、たとえば海の女神として描かれます。生命が海で生まれ、進化してきたように、人間の命は母から、もっと具体的に言えば、子宮から出発しています。神話のレベルでも現実的なレベルでも、命の起源は母なのです。

子どもは母親を肯定的に経験すると、「自分はママのものだ。ママから生まれた。ママの一部なのだ。ママが好きだ」と感じます。これは自我の発達に必要な感覚です。

残念ながら、すべての子どもが自分の起源である母親を肯定的に経験するわけではありません。大人になってから、退行催眠《さいみん》で子宮にいたころの記憶をよみがえらせると、有毒な泥沼に浸《つ》かっていたように感じる人もいます。

母親の「中にいた」という強い感覚は持っていても、むしろ逃れられるなら逃れたい不快な場所と感じていたのです。同じことは、母親にのみこまれてしまうのではないかという感覚を持っていた子どもにも起きます。

また、養子に出された子どもの場合、少なくとも主観的には自分の命の起源から拒絶されたことになります。自分は自分を産んでくれた母親の「もの」でありながら、今はそうではない、という複雑な状態に置かれます。ときには養母への強い帰属意識が育ちにくい子どももいます。

子どもにとって自分がどこかに属しているという感覚は欠かせません。母親を自分の起源であると感じることもその一つです。この感覚は、のちほどお話しする愛着の対象としての母親の機能にもかかわってきます。

こうした現象は母親の力ではどうしようもないことのように思えるかもしれません。けれども肯定的に受け止めてもらうために、母親の側にもできることはあります。子どもの誕生のごく初期の段階から、快適な環境をつくりだせばいいのです。

子どもがいっしょにいたくなるような、そして実際に子どもの力になれるような、はつらつとした母親でいること、子どもの個性を尊重しつつ、親子の共通点を楽しむこと、そして、子どもが一生誇《ほこ》りに思い、手本にしたくなるような役割モデルになることです。

▼あなたが連想する母親の子宮は快適な場所ですか。そうでないとすれば、母親のエネルギーに包まれることは、どんな感じがしますか。好ましい感覚ですか。
▼あなたは母親に似たかったですか、それとも、できるだけ母親に似たくなかったですか（あるいは、その中間）。もし誰かに「お母さんにそっくり！」と言われたら、どんな気持ちがしますか。
▼母の子であること、母から生まれたことを誇りに思う感覚を想像できますか。あなたは自分をお母さんの子であると認識していますか。

◆②愛着の対象としての母親──私には居場所がある

母親は子どもにとって世界との最初の接点です。この場合の母親は、子どもにとって自分の起源である海というより、もっとじかに接している対象を意味します。たとえるなら、母親はボートであり、子どもはその船底にぴったり貼りついているフジツボのようなものです。

母親との間に安定的な愛着が形成されている乳幼児は、お母さんによじ登ったり、引っぱったり、吸いついたり、抱きしめたりして、たえず身体に接触しています。少し大きくなってからも、何かにおびえたときには母親の手を握りしめたりします。

のちほどお話しするように、愛着は身体的接触だけでなく、子どもの欲求に対する母親の同調と応答によっても形成されます。愛着はとても重要な問題ですから、第3章では、そのテーマを重点的に取りあげています。

愛着は、子どもに「私はママのもので、ママは私のもの。私には居場所がある」という感覚をもたらします。この感覚を子どものころに経験しないと、大人になってからもどこにもつながれずにさまよっていると感じるようになります。

ある女性は自分のことを、大海原に浮かんでいる流木のように感じていたと言います。また別の女性は母親との絆《きずな》があまりにも希薄だったために、自分はキャベツ畑で拾われたに違いない、そのほうがましだと思っていたそうです。このように愛着不足は、深い孤独感や疎外感《そがいかん》、自分はどこにも属していないという感覚を生じさせるのです。

母親との間に安定した愛着のある子どもは、自分はしっかり支えられていて安全だ、と感じています。このことは母親の第一応答者としての機能にも通じます。なぜなら愛着の大部分は、母親が子どもの欲求に応答することで形成されるからです。

▼10点満点で、母親との絆がどれくらい強かったと評価しますか。成長するにつれ、その強さは変わりましたか。
▼子どものころ、母親とどんなふうに身体的にふれあいましたか。母親はあなたにとってジャングルジムでしたか。それとも、むしろ「立入禁止」の場所でしたか。
▼子どものころ、自分は家族の一員であるとはっきり感じていましたか。しっかりとした絆で結ばれていると感じていましたか。それとも、ふわふわと漂っているように感じていましたか。
▼自分をみなし子か母のない子のように感じたことはありますか。

◆③第一応答者としての母親――いつでも助けてもらえる

母親が子どもにとって安定的な愛着を形成するための接点として機能するためには、第一応答者という重要な役割を果たさなければなりません。

「第一応答者（ファーストトレスポンダー）」は消防士や警察官を指す言葉で、非常時に助けを求める声にまっさきに応える人たちを意味します。想像してみてください。自分の家が火事なのに誰も来てくれなかったら、助けてもらえると信じていたのに助けてもらえなかったら、どうなるでしょうか。

さまざまな文献で力説されているとおり、赤ん坊の欲求はいずれも切羽詰《せっぱつ》まったものです。つまり非常事態なのです。赤ん坊は自分で自分の基本的欲求を満たすことができないので、誰かに助けを求め、応えてもらうしかありません。欲求がつねに満たされていれば、赤ん坊は安心します。そして、いつでも助けてもらえるのだと信頼します。

ところが、欲求が満たされないと、助けは当てにできない、と学びます。そしてこの世はやさしくない、頼りにならないと感じ、不安と不信感を抱くようになります。必要とするものが手に入らないとわかると、基本的な信頼感が脅《おびや》かされるのです。

この機能が持つメッセージは、「ママはあなたの世話をする。あなたの欲求はママにとって重要なもの。ママはあなたのためにいる。私のそばで安心しなさい」です。

もちろん、第一応答者になるためには、母親は子どもの欲求を的確にとらえなければなりません。第一応答者が間違った住所に駆けつけたり、食べ物を求めているときにシェルターを提供したり、相手が求めているものとは別のものを差しだして、これが必要に違いないと言って譲《ゆず》らなかったりしたら、助けにはなれません。

相手の欲求を的確に汲《く》み取ることを心理学では「同調（または調律）」と言います。母親は子どもの欲求に同調してこそ、第一応答者の役割を果たせるのです。母親の同調はとくに言語習得以前の乳幼児にとって重要です。

欲求への的確な同調と応答は、「支持的な環境」をつくりだします。子どもが支えられていると感じる環境です。また第一応答者の機能は、（「調整役としての母親」のセクションで述べるとおり）自己制御《せいぎょ》にもつながります。

▼自分が乳幼児のころ、母親がどんなふうに欲求に応えてくれていたかを思いだすのはむずかしいでしょう。けれども、たいていの場合、今のあなたが自分の欲求をどうとらえているかがヒントになります。あなたは自分の欲求を尊重し、自分の声に耳を傾けていますか。それとも欲求を持つことにう

しろめたさを感じ、隠そうとしますか。あるいは、あなたは注文の多い人ですか。母親以外からの重要な刷りこみがあった場合は別として、通常、あなたが自分の欲求にどう対処しているかは、子どものころ母親にどう欲求を満たされていたかを知る手がかり（指標）になります。
▼母親の当時の対応ぶりを示すような情報はありますか。エピソードか何かを聞いたことがありますか。昔の写真は何を物語っていますか。
▼母親がそもそも他者の求めにどのように対応する人だったか、何か知っていることはありますか。いつも即座に対応するような人でしたか。それとも機嫌《きげん》が悪くなる人でしたか。手際が悪かったですか。それともにこやかでしたか。腰が重かったですか。相手がほんとうに求めていることを知ろうとせず、自分の勝手な思いこみを押しつけるような人でしたか。

◆④調整役としての母親――ネガティブな感情体験をポジティブに

調整役としての機能は第一応答者としての機能と似通っていますが、少しだけ視点をずらして別の名前をつけると、違う側面が見えてきます。

母親が第一応答者の役割をきちんと果たせば、赤ん坊の欲求の炎は燃え広がらずにすみます。たとえば、空腹を満たされた赤ん坊は、落ち着きを取り戻すでしょう。ところが、我慢できないほど不快な状態のまま放置されたらどうなるでしょうか。

「調整」とは、何かを強すぎず弱すぎず、最適な状態に保つことです。まさに調整役としての母親は、子どもの生理的な状態が最適に保たれるように手を貸します。赤ん坊が空腹や寒さで泣き叫んでいれば、その欲求を満たして落ち着かせ、むずかっていればなだめ、そして、赤ん坊がさまざまな感情と向きあえるようにします。

そうやって母親は、失望、不満、怒り、悲しみなど、人生で起きるさまざまな強烈な体験とのつきあいかたを教えるのです。

母親の調整がないと、子どもは感情のコントロールのしかたを学べません。感情を断ち切ってしまうか、手に負えないほどエスカレートさせるようになるかのどちらかです。怒りは逆上に、涙はヒステリーに変わり、興奮、不満、性的衝動などを抑えることができなくなることもあります。

心的状態を自分で調整することを「自己制御」または「自己調整」と呼びます。その大部分は神経系によってコントロールされるのですが、赤ん坊には、未発達な神経系の代わりを務めてくれる母親が必要になります。

完全に行き詰まってしまう前に欲求を満たされることで、赤ん坊は自己制御を学んでいきます。成長中の子どもの傷つきやすい神経系にとって、クッションの役目を果たすのが母親です。

その調整機能を果たすにはいくつかの方法があります。苦痛を感じている子どもをなだめる（撫《な》でる、抱く、声をかける、ただ寄り添うなど）、欲求や感情を意識させる、あるいは気を紛《まぎ》らわすなどして、子どもの苦痛を調整し、安心させるのです。

子どものころからずっと不安に悩まされてきたある女性は、母親から「大丈夫よ」という言葉をかけられたことが一度もなかったと言います。なだめられたことも、元気づけられたこともなかったそうです。

母親が調整機能をうまく発揮すると、子どもはネガティブな感情体験をポジティブに変えられるようになります。それが可能になるのは、母親が目の前の状況にまず共感を示し、次に、より快適な状況へ導いてやるときです。こうして子どもは一つの感情を手放して、別の感情へ向かうことを覚えるのです。

また母親自身の明るさも、子どもにそっちのほうが楽しそうだと感じさせる要因になります。泣いている子どもに、まず悲しそうな顔を向け、じきに笑わせてしまう母親は、まさにそれをやっているわけです。

母親の調整はもっと微妙なプロセスでも働いています。そのプロセスは、近年、「大脳辺縁系共鳴《だいのうへんえんけいきょうめい》」または「大脳辺縁系制御」と呼ばれるようになりました。Aという人の感情脳がBという人の感情脳と同調すると、BもAの感情脳に同調するのです。

哺乳《ほにゅう》動物のすべてがこの能力を持っています。乳幼児の心的状態は、多くの場合、このメカニズムによって母親に直接的に調整されると考えられています。母親が子どもの目を見つめると、脳と脳が会話し、子どもの大脳辺縁系が母親の大脳辺縁系に波長を合わせるのです（母親の心が前向きでバランスのとれた状態にあればいいのですが、いらだったり動転したりしている場合、調整役は務まりません）。

▼赤ん坊のころ、母親があなたの欲求にどんなふうに対応していたか、何か知っていることはありますか。母親はどれくらい当てになりましたか。あなた以外に世話の必要な子どもがいましたか。育児に熱心でしたか。うつ状態だったり、他のことに夢中になっていたりしましたか。

▼あなたの母親には何か育児哲学のようなものがありましたか。たとえば、「赤ん坊は泣かせっぱなしにせよ」といったような、特定の育児思想に影響されていましたか。

▼苦痛や不快を訴えているとき、母親からなだめられたり慰《なぐさ》められたりした覚えはありますか。困っているとき母親は助けてくれましたか。

▼あなたの母親は、自分自身の生理的欲求（空腹、喉《のど》の渇き、睡眠、スキンシップなど）をコントロールすることが上手ですか（あるいは、上手でしたか）。感情を調整することができる人ですか。つまり、感情を感情として大切にする一方で、それを暴走させるのではなく、適度に抑えることのできる人ですか。

▼母親はあなたの心的状態に同調することが上手でしたか。あなたが何を感じているかを気にかけているようでしたか。感情を押し殺すのではなく、前向きに感情に対処する方法を教えてくれましたか。
あなたの母親は感情表現のお手本になりましたか。

◆⑤養育者としての母親――ほんものの心の栄養

これを母親の役割と認めない人はいないでしょう。元型的母親像である〈グッドマザー〉に欠かせない要素の一つは養育力です。母親は心身両面の滋養《じよう》を子どもに与え、育てます。

心と身体の滋養は、授乳行為などのように同時に与えられることもよくあります。母親は肉体と愛情を赤ん坊に与えるのです。赤ん坊がすこやかに成長するにはどちらも欠かせません。

子どもには、心の栄養がほんものか偽物《にせもの》かを見分ける能力が生まれつき備わっているようです。母親が愛情をたっぷり注いでいるふりをすれば、周囲の人間は騙《だま》されるかもしれませんが、子どもはほんものではないと察知して、心に隙間ができたように感じるのです。

母親がどんなに愛を口にしようが、非の打ちどころのない世話をしようが、そこにほんとうの意味でのふれあいや慈《いつく》しみがなければ、子どもは母親から滋養を受け取っているとは感じないでしょう。

子どもにとっての最初の言語は身体的接触（タッチ）ですから、母親が赤ん坊をどんなふうに抱っこし、どんなふうに扱うか、成長していく子どもにどう触れるかによって、多くのことが伝わるのです。母親が愛と慈しみの心をこめて子どもに触れているか、それとも単なる手作業に終わっているかによって、伝わるものは違ってきます。

慈しみはぐくむ者としての母親から子への重要なメッセージは、「ママはあなたを愛している」です。

このメッセージは子どもの自尊心の発達に欠かせません。これを受け取った子どもは、「ママに愛されているから、自分は特別なんだ」と感じるのです。

▼子どものころ母親に愛されていると感じていましたか。具体的な思い出はありますか。
▼大人になった今、振り返ってみて、たぶん母親は自分を愛していたが、表現するのがひどく苦手だった、あるいは愛する能力がなかったのだ、と思いますか。それとも自分のほうに愛を受け入れる能力がなかったのだと思いますか。
▼10点満点で、自分の母親の養育力はどのくらいだったと評価しますか。あなたの母親はあなたのきょうだいをどう育ててきましたか。

◆⑥鏡としての母親——自尊心を育てる

ミラーリング（共感的な映しだし）は母親の重要な役割の一つです。母親のミラーリングによって、子どもは自分が認められていると感じ、また自分自身を認めるようになるのです。

ミラーリングは言語によるものと、言語によらないものがあり、さまざまな段階に分かれます。最初の段階では、ミラーリングによって子どもは母親にかまわれていると感じます。見られていると感じることで、子どもは成長していく自分を認識します。

一方、自分を透明人間のように感じている子ども、または見られていると感じられない子は、自分の存在を実感できなくなります。ですから、ミラーリングのもっとも根源的なメッセージは「ママはあなたを見ている。あなたはたしかに存在している」なのです。

心理学者や発達の専門家は、子どもに認識される性質は伸びていくのに対して、子どもに認識されない性質はしぼんでいくことを報告しています。子どもが言語を習得するプロセスがまさにそうです。言語学者も指摘しているように、子どもは最初、異なる言語の音を聞き分けることができますが、次第に親の話す言語に含まれる音を聞き取る能力だけが強化され、他の音は抜け落ちていきます。それと同様に、認識されない、もしくは支持されない感情や行動や性質は発達しないか、意識の下へもぐっていくのです。

言語的ミラーリングとは、たとえば母親が子どもに向かって、「○○ちゃんはほんとうに怒ってるのね」「○○ちゃんは悲しいんだね」と言葉で発することです。こうした言語的ミラーリングで、幼い子どもはさまざまな感情を認識するようになります。

また、年齢にかかわらずあらゆる人間は、そういう言葉を聞くと、共感を寄せられていると感じます。このプロセスは感情に限定されるものではありません。性質もミラーリングの対象になります。「○○ちゃんはかわいいね」「○○ちゃんはとっても賢《かしこ》いのね」などの言葉がけがいい例です。

言語を習得する前の子どもにとって、ミラーリングははるかに身体的なものです。母親が子どもの表情をまねることもその一つです。子どもが笑うといっしょに笑う、顔をしかめるといっしょにしかめる、などなど。言語習得以前の赤ん坊は、自分について考えたり、自分を感じたりできないので、このように自分を映しだしてくれる鏡が必要なのです。

「ママはあなたを見ている」という基本のメッセージは、声の調子によってさまざまに変化します。言いかたしだいでは、「ママはあなたを見ているよ。あなたはいい子ね」の意味にも、「ママはあなたを見ているよ。あなたは悪い子ね」の意味にもなります。前者は称賛の鏡、後者は非難の鏡と呼べるかもしれません。

称賛の鏡は、子どもに自信と誇りを芽生えさせ、自分は存在する権利がある、ここにいてもいいのだという気持ちを育てます。自己価値の大部分はこうしたポジティブなミラーリングから生まれます。称賛の鏡は（現実を忠実に映しだしている限り）子どもの自尊心の発達に役立つのです。

子どもが自分はほんとうに認められていると感じるためには、現実を正しく映しだしてくれる鏡でなければなりません。鏡がゆがんでいると、どのような結末が考えられるでしょうか。その一つが、相手がこうだと思いこんでいるイメージ――たとえば「この子はもの覚えが悪い」とか「この子はトラブルメーカーだ」――に自分を合わせるようになることです。

あるいは、正確な映しだしを絶えず探し回るようになる場合もあります。子どものうちだけでなく、大人になってからも、自分を正しく受け止めてもらえないことにいらだち、理解されようと必死になる人がいるのです。

そうかと思えば、理解されることを諦《あきら》め、透明人間のままで過ごす人も。また、どんなに強烈な称賛であっても、それがゆがんだ像であれば、所詮《しょせん》は的外《まとはず》れです。いいことは何もありません。

この鏡の機能を突き詰めたところにあるのが、コンパスの役目です。わが子をよく知っている母親は、子どもが自分を偽《いつわ》っていると「○○ちゃんらしくないわね」とくぎを刺します。子どもは、いわば、衣装をとっかえひっかえ試しながら、ほんとうの自分を探しているようなものですから、自分をよく知っている誰かに（正しいタイミングで）「それは全然似合ってないわ」と言ってもらえることは、成長の助けになるのです。

子どもが進路をそれているとき、その姿を映しだし、しかも正しい方角を指し示してやれる母親は、つねに「真北」を示すことのできるコンパスのようではありませんか。

ミラーリングはとても重要です。それが欠けたまま成長すると、鏡になってくれる存在（自分を認めてくれる存在）を一生、追い求めるようにもなります。

▼母親はほんとうのあなたを見ていたと思いますか。どうしてそう思いますか。
▼母親が言葉以外にどのような反応をあなたに示していたか、とくに記憶に残っていることはありますか（声の調子もその一つです）。そのことから何が伝わってきましたか。
▼母親はあなたの気持ちを言葉で表すのが上手でしたか。そうでなかったとしたら、その理由は何だと思いますか。
▼母親はあなたのどんなところを一番うまく映しだしてくれましたか。どんなところを見逃していましたか（たとえば、頭のよさは認めてくれたが、感情は汲み取ってくれなかった、など）。
▼母親はあなたを十分理解していて、コンパスの役目を果たしてくれましたか。あなたが「あなたらしく」ないとき、母親はそれを見抜きましたか。

◆⑦チアリーダーとしての母親――挑戦や難題に立ち向かう

チアリーダーとしての母親は子どもを励まします。称賛の鏡としての役割と少し似ていますが、この場合は、さらに積極的に励ましたり、ほめたり、支えたりすることが含まれます。基本となるメッセージは「あなたならできる！　ママにはわかる。みんな応援しているよ」です。

この応援と励ましは、子どもが外の世界に向かって足を踏みだす探索の時期（生後一八ヵ月から三歳）にきわめて重要です。この時期の子どもは、ただ後ろから応援してくれるだけではなく、一緒に行動してくれる誰かを必要としています。

ハーヴィル・ヘンドリクスとヘレン・ハントによるベストセラー『癒しの愛を与える子育てガイド

(*Giving the Love That Heals: A Guide for Parents*)』(未邦訳)には、チアリーダーとしての母親のあるべき姿が書かれています。「母親はいつも温《あたた》かく、頼りになり、子どものために時間を割く。子どもが好奇心を満たし、それを共有できるようにたっぷりと時間をかける。子どもが何かに成功すればほめ、何かを発見すれば拍手を送り、子どもが一人で挑戦するときよりも多くの発見ができるように、そして探索が楽しく、笑いに満ちたひとときとなるように、意識的に努力をする」

チアリーダーとしてのメッセージには、「ママがついているよ」「ママはここにいるよ」の意味も含まれるでしょう。これらは、おぼつかない足取りで一歩を踏みだす子どもにとっては心強いメッセージです。

人は誰でも人生のさまざまな局面でチアリーダーを必要とします。難題を前にして足がすくむときには、励ましは大きな力になります。必要とされるスキルが足りない場面では、チアリーダーとしての母親に加えて、次にお話しするような指導者としての母親がもっとも頼りになるでしょう。

母親が子どものチアリーダーになれない場合、いくつかの理由が考えられます。母親自身が十分な励ましや支えを受けずに育ったために、どうすればいいのかわからない、母親自身が支えを必要としていて子育てどころではない、子どもの欲求に気がつかない、あるいは、子どもが何かを成し遂げて自立していくのが怖い、などです。また、母親自身の悩みや落ちこみが激しすぎて、子どもを励ますだけのエネルギーが残されていない場合もあるでしょう。

励ましは子どもの欲求に即した現実的なものでなければなりません。口では応援しても手を貸さない、あるいは非現実的な期待をかけるとしたら、子どもは罰せられているように感じるでしょう。

一方、子どもがすでにできるようになったことを、さらに頑張れと励ますとすれば、子どもは「ママは私のことを見てくれていなかったのだ。こんなにできるのに、ちっともわかっていない」と感じるでしょう。

ちょっとやそっとのことでは母親がほめてくれない場合、子どもは透明人間になったように感じるかもしれません。あるいは、何か突飛《とっぴ》なこと（よいことであれ悪いことであれ）をしないと、認めてもらえないのだと思うようになるかもしれません。

▼子どものころあなたが何か新しい発見をしようというとき、母親はあなたのそばにいて支えてくれましたか。
▼あなたが何かを成し遂げたとき、母親は関心を示してくれましたか。あまり熱心でなかったとしたら、何がそうさせていたと思いますか。
▼母親はあなたを信頼してくれていましたか（母親は自分の能力を信じてくれていたが、励ましたり、ほめたりするのは苦手だった、と感じている場合もあるでしょう）。
▼母親にもっと励ましてほしいと思った場面はありますか。どんな言葉をかけてほしかったですか。

◆⑧指導者としての母親――持っている能力を伸ばす

誰かが四、五歳の子どもを自転車のサドルに座らせたきり、その場を離れてしまったら、取り残された子はさぞかし怖い思いをすることでしょう。指導者としての母親は自転車の補助輪のようなものです。自転車を習いはじめたばかりの子どもの走行を支え、頭から落ちたりしないように転倒を防ぐためについているのです。

ここで注目する母親の役割は「支えと導き」、つまりバランスのとれた支援をすることです。それはまた教師やガイドの役割と言えるかもしれません。また、母親はときには自分が自転車を走らせて、子どもに手本を示すこともあるでしょう。

発達心理学者のルイーズ・カプランは、こうした母親を舞台の裏方にたとえています。裏方は役者たちが芝居を演じられるように、その名のとおり裏から舞台を支えます。指導者としての母親も、子どもが能力を伸ばせるように支え導くわけです。

この場合、母親は個々の科目を担当する先生であると同時に、カリキュラム全体を見渡す立場にもあります。人生という学校に子どもが慣れ、きちんと学んでいけるようにオリエンテーションを行ったり、人とのつきあいかた、正しい判断の下しかた、時間の使いかた、責任の果たしかた、目標追求のしかたなどを指導したりします。

その意味で母親は「人生のスキルを教えるコーチ」とも言えるでしょう。どの科目も学ぶべき内容は広範に及びますが、どんな母親にも、他より上手に教えられる科目があっても不思議ではありません。

母親によって得意な科目もあれば、誰かのサポートが必要な科目や苦手な科目もあるということです。言葉で教えるのが得意な母親もいれば、手本を示しながら教える母親もいます。子どもの欲求や発達の度合いに合わせてわかりやすい説明ができる母親もいるでしょう。

単に生きざまを示すことで、相手に知識やスキルを汲み取らせようとするのではなく、みずからが積極的に相手の学びに手を差しのべるのが指導者です。その子どもにどんなスキルが足りないかを見きわめ、辛抱強く教えることができなければならないのです。

人を助けるということは、誰もが知っているとおり、とかく過剰になったり、不足したりするものです。かまいすぎれば相手から学ぶ機会を奪い、かまわなすぎれば相手を途方に暮れさせ、孤独に追いやることにもなりかねません。ですから、人を助けるには相手のニーズに合わせて調整することが必要なのです。

そのうえ、子育てには年齢相応の手助けかどうかという問題もかかわってきます。小学生の子どもの宿題を手伝ってやることや、何かの件でわが子を擁護《ようご》するために担任に電話することはあるとしても、大人になった子どもが手に余る仕事を任されたからといって、上司に抗議の電話を入れるのは、わが子を助けることになるでしょうか。

〈グッドマザー〉の指導とは子どもの限界を尊重するものでもあります。本人に限界を意識させすぎず、もう少しできるはずだという期待を顕《あら》わにしすぎないように心がけるのです。

コントロールされている、干渉されていると相手に感じさせるより、気持ちよく学ばせることが、巧《たく》みな導きです。

さらに、子どもの発達上のニーズや能力を理解することも指導者としての役割です。子どもをやたらと咎《とが》めたり罰したりする親の多くは、過度の期待を抱き、子どもが失敗するのはわざとだと思いこんでいます。たとえば、コップのミルクをこぼさずに飲むためには繊細な運動神経の発達が必要ですが、そのことを理解していない親もいます。

では、よき指導者に求められる条件をまとめてみましょう。

●必要なスキルが整っている
●学ぶべきプロセスを分解し、わかりやすい言葉がけや実演を通して段階的に教えることができる
●相手のニーズにチャンネルを合わせることができる
●指導に必要な時間を割くことができ、辛抱強さを備えている

こうした役割はチアリーダーともかなりの部分が重なりあっています。人が学ぶには励ましと正の強化（ほめたりして行動を増やすこと）が必要なのです。

▼母親があなたによく教えてくれたのは次のうちのどれですか。

- 友だちと仲よくすること
- 自分の経験をしっかり言葉に表すこと
- 感情を理解しコントロールすること
- 外見や身なりを整えること
- 道具の使いかたや技術
- 他人を思いやること（マナー）
- 社会的スキル
- 宗教や精神性
- 勉強のしかた
- 責任のとりかた
- スポーツやフィットネス
- 健康的な生活習慣
- 美術工芸
- 家事のスキル
- 批判的な思考方法
- 自己主張と自立心
- 失望や挫折とのつきあいかた

▼もっと教えてほしかったと感じることは何ですか。

▼母親のサポートはあなたのニーズに合っていましたか。干渉しすぎだったり、足りなかったりしましたか。

▼母親の態度はどんな気持ちを表していたと思いますか（たとえば、あなたのことを厄介《やっかい》に思っていた。あなたを大切に思い、助けたいと思っていた。あなたが助けを必要とするのはもっともだと思っていた。あなたのことをもの覚えが悪い／もの覚えがいいと思っていた。あなたに教えることを楽しんでいた）。

◆⑨保護者としての母親――安全な囲いから境界線へ

子どもを保護する者としての母親の役割は発達段階によって異なりますが、まずは安全な囲いを提供することから始まります。その最初が子宮であり、共生関係（未分化の関係）が二番目に当たります。

この段階では、子どもは自分が母親と別個の存在とは感じていないので、母親がどんな状態にあり、わが子に何を感じているかが、その赤ん坊にとっての環境のすべてになります。その環境は子どもが安全を感じられる場でなければなりません。

分離には危険がともないます。したがって、母親がそばにいて保護を提供することがもっとも理想的な状況です。赤ん坊はしばしば母親を全能の存在と感じています。暗闇を打ち破るのも、騒々しい子どもたちや吠える犬を追い払ってくれるのも母親です。

外界からの侵入者や過剰な刺激からつねに守られていると、子どもは安全だと感じるようになります。この段階で母親は子どもにとって安全な閉じられた空間から、やさしくて頼りになる「お母さん熊」に変身します。

成長するにつれて自立心が芽生えると、子どもは外界を探索して回るようになりますが、母親は決してそばを離れません。わが子が危険にさらされれば、すぐに飛んでいって全力で守ります。こうした行動には「ママがあなたを守る」というメッセージが込められています。

さらに成長すると、子どもは一定のルールと境界線という条件つきで探索に送りだされます。それは子どもを危険から守る見えないフェンスのようなものです。ところが、子どもが受け入れられるようなルールを与えられなかったり、親の干渉を嫌がってルールを拒絶したりすれば、行動は成り行き任せになります。自分自身を守れるほどの判断力が育っていないことが多いからです。

母親が保護者の役割を十分に果たすためには、ここまでなら大丈夫という境界線を子どもに示し、自分を守ることの大切さを教えなければなりません。

もちろん母親の中には、子どもに探索の自由を十分に与えない過保護な人もいるでしょう。そのために、子どもの能力を信用していないことや、子どもを取り巻く環境を信用していないことが伝わったりもします。保護者の役割はただ守ればいいというものではありません。どのように守るかも重要なのです。

▼自分の母親を「安全な囲い」として想像したとき、どんな気持ちになりますか。
▼母親があなたを十分に守ってくれなかったのは、あなたがどんな挫折《ざせつ》や危険を感じたときですか。
▼母親はどんなふうにあなたを守ってくれる人でしたか。
▼母親はあなたに自分の守りかたを教えてくれましたか。それはどんな状況での自己防衛についてでしたか。
▼自分の守りかたについて、母親に教えてほしかったことは何ですか。
▼母親に守られたとき、心地よかったですか。それとも息がつまりそうでしたか。思いやりを感じましたか。

◆⑩本拠地としての母親――心の充電を求めて

この役割が持つメッセージは「ママはあなたのためにいる」です。このメッセージを受け止めた子どもは、大人になってからも、心の充電や慰めやサポートが必要になると、いつでも母親を思い浮かべます。何をやってもうまくいかないとき、結婚生活が破綻《はたん》したとき、心が傷ついたとき、母親を頼りにします。これによく似たことは、成長の途中で「再接近期」と呼ばれる時期にも起きます。はじめて母親のそばを離れた子どもが、外界に探検に出かけては、心の充電を求めてまた母親のもとへ戻るということをくり返す時期です。

母親は子どもにとって最初の本拠地《ホームベース》です。時とともに、その本拠地の役割は、他の人間関係や「ホーム」に相当する別のもの——自分が所属するコミュニティだったり、国だったり、場所だったり——が引き受けるようになります（その後も部分的に母親が本拠地でありつづける場合もありますが）。

母親が忙しかったり、自分の世界や何かに没頭していたり、精神的に不安定だったりして、子どもの心に寄り添うことができないと、本拠地にはなれません。安心の場を提供できないのです。その子はやがて大人になってから、「ここが自分のホームだ」と感じる場を持ちにくくなるかもしれません。

▼慰めや心の充電を母親に求めますか。
▼母親に実際、慰めや心の充電を求めたとしたら、応じてくれると思いますか。今まで母親があなたのそばについていてくれたことはありますか。
▼このセクションを読んで、どんな気持ちになりましたか。自分の心の声に耳を傾けてください。その声は何と叫んでいますか。「母が助けてくれるなんてことはありえない」「なんで母を頼りにしなくちゃいけないんだ」「母を頼りにできたらいいのに」「もちろん、母は助けてくれる」

以上の機能のどれか一つでも欠けていると、心の成長発達に隙間が生じていることになります。それがどんなものかを理解することが、最終的に隙間を埋めるための第一歩です。その具体的な方法はのちほどお話しすることにしましょう。

この章を読むうちに、少し憂うつになったでしょうか。心が養育不足の人たちの大半は、ここに述べた〈グッドマザー〉の顔をほとんど知らないのです。でも、どうかがっかりしないでください。〈グッドマザー〉を知らずに心に生じた隙間は、永久的なものではありません。たとえあなたの母親がこの先、埋めあわせをしてくれることはなさそうだとしても、あなたが知らずにきた〈グッドマザー〉の役割を、大人になってからの人生で、別の人に果たしてもらうことは可能なのです。

第3章　欠かせない絆

◆信頼感が育つか不信感が芽生えるか

人が生まれてはじめて取り組む人間関係は自分の主たる養育者（たいていは母親）との絆《きずな》づくりです。この絆は赤ん坊が生きのびるためには欠かせません。なぜなら赤ん坊は一〇〇パーセント誰かに頼らなければ自分の欲求を満たすことができないからです。

通常この絆は「愛着（アタッチメント）」と呼ばれています。これまでに愛着行動や愛着スタイルに関する研究がさまざまに行われ、その結果、愛着は脳の発達、心の健康、将来の人間関係などに重大な影響を及ぼすことがわかってきました。

こうした事柄に影響する要因はいくつもありますが、母子関係はその出発点であり、たいていの場合、最大の要因でもあります。幸いなことに、父親、祖父母、乳母、保育士など、母親以外の人間との間に愛着を形成することは可能です。

また、成人してからも、母親的な人物、セラピスト、友人、パートナーとの間に愛着関係を築き、子どものころに欠けていた愛着の恵みの大部分を取り戻すことは可能なのです。

愛着は、赤ん坊にとって人生初の対人関係である母子関係の中で育成されます。この関係は誕生以前から始まりますが、本格化するのは、生後数時間から十数ヵ月の間です。愛着の質は出生時の状況にも強く影響されます。

たとえば親の側の赤ん坊に対する覚悟や赤ん坊がほしいという気持ち、出産前後の母親の精神状態、出産方法などがそうです（研究によれば、自然分娩より帝王切開で出産した母親のほうが愛着の形成に時間がかかるとされています）。また母親のホルモンも影響することがわかっています。子宮収縮ホルモン「オキシトシン」の血中濃度が高いほど、母親としての愛着行動は強まります。それ以外にも、さまざまな要因が母子の愛着の質を左右します。

愛着は同調とケアリング（世話）を通じて形成されますが、乳幼児と母親の間では、おもに子どもが欲求を表現し（愛着行動）、それに母親が応答する形で紡《つむ》がれていきます。要するに、母親の安定的な対応とその質が愛着のカギを握っているわけです。

愛着は、乳幼児の身体的欲求を満たすことによってだけではなく、良好な相互作用によっても形成されることが判明しています。赤ん坊が母親を見つめ、母親が赤ん坊を見つめ返すとき、そこには自然に生まれてくるものがあります。「ほほ笑みあう」「鏡映しのように同じ動きをする」など、意識のはるか水面下で母子の心は響きあい、ダンスをくり広げているのです。

●安定した愛着にとってもっとも重要な養育者の行動とは――

●子どもの身体的、感情的欲求に対して、即座に、安定的に、的確に応えること

●母親と仲よくなりたいという子どもの行動を快く受け入れ、反応すること。母親を求めてくる子どもを追い返したり、冷淡に接したりするのではなく、歓迎すること。母親の側も仲よくなりたいという気持ちを表すこと

●子どもの感情を汲《く》み取り、共感を示すこと

●愛情を込めて子どもを見つめること（ある研究者は、社会的行動をつかさどる脳の発達にとって、これがもっとも重要な要素であると報告しています）

母親のもとに行けば欲求を満たしてもらえる、気持ちを理解してもらえる、歓迎してもらえるとわかっていれば、子どもはその関係に「安心」します。こんなふうに書くと、ある程度成長した子どものことを話しているように聞こえるかもしれませんが、こうした母子関係の大部分は認知能力がまだずっと原始的なレベルにある生後一年の間に起きることです。

赤ん坊が泣いたとき、母親がそばにいるかいないか、赤ん坊の欲求に対応するかしないか、そういったことは、心理学者エリク・エリクソンの発達モデルによれば、生後一年までに基本的な信頼感が育つか、それとも不信感が芽生えるかにも関係しています。

外界（通常は母親によって代表される）が自分の欲求を安定的に満たしてくれると、子どもは、必要なものを自分は手に入れることができる、この世は安全な場所だ、と信頼するようになるのです。これは「安定した愛着」と呼ばれます。

生後数ヵ月の間に形成された安定した愛着は、（死別や、乳児にとって耐えがたいほどの分離、あるいは同調の喪失によって）中断されなければ、子ども時代を通じてずっと安定傾向にあります。これは多くの事例で証明されていることです。

◆愛着はなぜ重要なのか

愛着の絆は、子どもと愛着の対象をくっつける接着剤のようなものであり、発達のさまざまな領域で重要な意味を持ちます。

まず当然ながら自尊心に影響します。精神的に安定した人は、自分を強くて、有能で、価値があり、愛に値する特別な人間だと認識できるようになります。それは、愛着対象の人物によって価値を認められ、愛され、特別と見なされていたからなのです。そういう人は、自尊心に関する評価のどの項目でも高いスコアを示します。

第二に、安定した愛着は、子どもにとっていわゆる「安全基地」となります。言葉から連想されるとおり、それは外の世界を探索して回るときに必要な安心感を意味します。この安心感がないと、子どもは巣を離れたがらないばかりか、自分の内面を探ろうとしなくなり、それによって発達が阻害されるのです。

セラピストのスーザン・アンダーソンは著書『わかれからの再出発』（遊佐安一郎監訳・佐藤美奈子訳　星和書店）の中で、安定した愛着が子どもの自立を促す様子について次のように述べています。

幼い子どもの頃は、発育していくために結び付いている必要がありました。幼児の頃は、必要な滋養を与えてくれる母親に依存していましたから、関心はほとんど母親との関係に限定されていたのです。その後、よちよち歩きができるほどになり、より自立して発達、機能し始めるにつれて、母親は背景人物となりました。（中略）もし何か、そのような発達を妨げるようなことがあると――例えば、母親が長期入院しなければならなくなったら――自立して機能する能力は遅れてしまったかもしれません。

さらにアンダーソンは、愛着欲求は満たされないと大きくなりますが、満たされると背景に溶けこんでいくと言います。子どもであれ大人であれ、愛着の安定している人は、相手に注目されたい、助けてもらいたいという思いばかりにいつまでもとらわれず、相手の欲求を満たすことに目を向けられるのです。

愛着は、外界を探索して興味関心の範囲を広げていくのに必要な安全基地を提供する以外にも、いくつかの長期的な影響をもたらします。愛着の安定している子どもの場合、情緒面での柔軟性、社会的機能、認知能力が高まるという調査結果が出ています。

また、そういう子どもは新しい集団に馴染《なじ》むのも上手です。中学年齢に達するころには、挫折《ざせつ》や試練にうまく対処できるようになり、周囲に後《おく》れをとりはじめた場合には、愛着の不安定な子どもがくじけてしまうのとは対照的に、頑張って追いつこうとします。

愛着の安定している子は、精神的にバランスのとれた大人へと成長し、他者との間に安定した愛着を形成する能力や、自分の感情をコントロールする能力を身につけます。世の中を肯定的にとらえるようになるのも、このタイプの特徴です。

これとは対照的に、愛着の不安定な人（さまざまなタイプに分かれる）は、情緒面の柔軟性に欠ける、人づきあいが苦手、注意散漫、他者の心を理解できない、ストレスに弱いといった傾向を持つことが研究で判明しています。

愛着の不安定な子どもは、ストレスに対して不健全な反応をしがちです。ストレス反応はさまざまな心身疾患《しっかん》へのかかりやすさとも関連しています。ストレスにさらされた人の副腎皮質《ふくじんひしつ》からは「コルチゾール」というホルモンが分泌されますが、不安定型の子どもは、このコルチゾールが過剰に分泌されるという点で不利なのです。

コルチゾールの大量分泌は、抑うつ、不安、自殺傾向、摂食障害、アルコール依存を招きやすく、また、情報処理や思考をつかさどる脳の領域にダメージを与えます。不眠にもこのコルチゾールがかかわっていると考えられています。

安定した愛着の基盤となる母子のかかわりあいが脳の発達と機能に及ぼす影響については、さまざまな研究が行われてきました。複雑な社会行動にもっとも関連の深い脳の領域、いわゆる「社会脳」は、生後間もないころのこうした母子間の相互作用にとりわけ敏感に反応します。

こう言うと単純化しすぎているように聞こえるかもしれませんが、母親から赤ん坊への的確で心のこもったかかわりあいが赤ん坊の社会脳の発達を促すことは事実なのです。脳内のその領域は、社会生活や人間関係に必要な能力や知性と深くかかわっています。

愛着がもたらす安心感は、このようにニューロンの発達から自尊心にいたるまで、ありとあらゆる面に重大な影響を及ぼします。愛着こそが子どもの欲求の中でもっとも重要だと考える人もいます。

◆赤ん坊のころの母親との関係を探る手がかり

赤ん坊のころの自分と母親の関係がはっきりわからないのは当然です。けれども重要な手がかりはこんなところにあります。

- 赤ん坊のころの母子関係を示すような記憶の断片
- 赤ん坊のころの母子関係について、今のあなたが感じていること
- あなたの人間関係のパターン、人と絆を結ぶことのできる能力

三番目の項目は複雑なので、答えが見えてくるまでに時間がかかるかもしれません。そこでまず、赤ん坊のころの母親との関係を示すような記憶の断片について考えてみましょう。

▼母親と親密に過ごした場面を何か覚えていますか。抱っこされた、ほほ笑みかけられた、やさしくされたなど。それは例外的なことでしたか、それとも日常的なことでしたか。

▼何かがほしいときや困ったときに母親に助けを求めた記憶はありますか。それはどんなときですか。子どもとして当然の欲求だったでしょうか。母親はどう応えましたか。

▼母親に甘えようとしたとき、快く受け入れられた記憶はありますか。そのことで何か湧きあがってくる感情はありますか。
▼乳児や幼児のころの自分がどんなふうだったかを聞かされたことがありますか。それはどんなことですか。

乳児や幼児のころのことはあまり思いだせないかもしれませんが、それでも感情や衝動といった、いわば記憶の残像がしばしば手がかりを与えてくれるのです。そこには多くのヒントが隠されています。ぜひ耳を傾けてみてください。

◆安定した愛着が形成されない場合

たとえ安定した愛着を知らずに育ったとしても、あなた一人だけがそうなのではありません。なんと、子どもの三人に一人は不安定な愛着を経験するという研究結果が出ています。しかも不安定な愛着は世代から世代へと引き継がれる傾向にあり、さらには、うつの母親を持つ子どもの場合、不安定な愛着の割合は二人に一人と高くなります。

不安定な愛着にはいくつかの「型《スタイル》」があるとされています。ただし専門家によってそれらを表す用語が異なるので混乱を招くこともあります。この本では、もっとも覚えやすく、かつ特徴をよく表していると思われる言葉を選びました。以下、著名な研究者が使っている用語も紹介しながら話を進めます。

① 自恃型

これは不安定な愛着の中でも最大のグループであり、いくつかの呼び名があります。「強迫的自恃《じじ》型」

（児童精神医学者ジョン・ボウルビィの用語）、「回避型」（発達心理学者メアリー・エインスワースの用語）、「拒絶型」（心理学者メアリー・メイン、大人の愛着スタイルを指す）など（「自恃」とは自分自身を頼みにすること）。

母親が子どもをいつも拒絶したり、子どもに反応を示さなかったり、情緒的なかかわりを持たなかったりすると、子どもは、相手に何かを求めるのは無駄だ、もしくは危険だ、と思うようになります。その結果、欲求と愛着のスイッチを切ってしまうのです。それがこのスタイルの基本です。

自恃型の子の母親には、次のような特徴があります。

- 子どもの愛着欲求や、子どもが甘えたくて見せる行動を拒絶する
- 頼られると落ち着かなくなる。または頼られるのを嫌う
- 愛情のこもった一対一のかかわりを嫌がる
- 抱っこやスキンシップを避けがちである
- 感情をあまり表に出さない

赤ん坊を抱っこしていても母親が喜びを表さないと、そのうち赤ん坊は抱っこされたいという自然な欲求のスイッチを切ってしまいます。抱っこされても、だらりと脱力するようになることもあります。

要するに、こういう赤ん坊は「求めるのをやめてしまう」のです。もちろん欲求を完全に断ち切るわけではなく、意識の外へ追いやるだけです。すると、無意識の領域に格下げされた欲求は、痛烈な切迫感をともなったまま、きわめて原始的な形で意識の下にとどまることになります。

こういう子どもは、自分の欲求や感情に親が応えたがっていないと感じ、とりわけ愛着の対象（母親）に対して感情を隠すようになります。母親の腕の中で力なく抱かれていた子どもは、小学校に上がると、今度は、その母親に一日の出来事を聞かれてもそっけない返事をするだけで、距離を置くようになります。

困っていても母親に助けを求めることはありません。母親のほうが絆を求めるようになっても、子どもは警戒し、シャッターを降ろしてしまうのです。

感情の断絶には代償がともないます。養育者に感情を汲み取ってもらえなかった子どもは（大人になってからも）、自分の感情を認識することや感情を言葉にすることが苦手になります。また、他人の感情の機微を読み取るのも苦手です。

当然、こうした感情認識と感情表現の不足は、のちのち親密な人間関係を築くことの妨《さまた》げになります。相手にとっては得体のしれない、冷淡な人物に映るからです。けれども、欲求がそうであるように、感情もどこかへ消え去るものではありません。意識の下に潜《ひそ》んでいるのです。

こうした愛着スタイルが顕著な人は、愛着欲求のスイッチを切ってしまい、その挙句《あげく》、ある研究者が言うように、愛着関連のシグナルを無視するようになります。なるべく自分自身を頼るほうがましだと思うわけです。

対人関係でも、鎧《よろい》をまとったように相手を寄せつけない傾向があります。成長してからでさえ、ほんものの愛着が形成されるほど相手と親しくなることに恐怖を抱くのです。他者に頼るしかなかった赤ん坊のころに拒絶されたときの耐えがたい心の痛みがよみがえってくるからです。

② とらわれ型

不安定な愛着には別の現れかたがあります。一般に不安からきていると思われる行動、たとえば、相手にまとわりつく、確証をほしがる、つねに親密さを求めずにいられない、などがそうです。

この愛着スタイルにとって最大の不安は、愛着対象にいなくなられることです。見捨てられの恐怖とでも言いましょうか。もちろん自恃型の人にも見捨てられることへの恐怖心はありますが、彼らの場合、相手との関係を重要ではないと思うことで自分を守ろうとします。

　この二番目の愛着スタイルは、とらわれ型、不安型（ボウルビィ）、強迫的依存型、両価型（エインスワース）、依存型とも呼ばれてきました。どの用語もこの愛着スタイルの重要な性質を表しています。「依存」はそのとおりだとして、「両価」のほうは少し複雑かもしれません。この愛着傾向を持つ子どもは、相手と親密になりたいという強い欲求と同時に、怒りや拒絶を示すのです。

　子どもの愛着傾向を調べる際によく用いられる「新奇場面法」という方法があります。母親と一時的に離されたあと、再会したときの子どもの様子を観察するのです。とらわれ型の一歳児は、母親がいなくなると激しく動揺しますが、戻ってきた母親がかまってやろうとしても、すんなりとは受け入れません。ひどく駄々《だだ》をこねたり、抱っこをせがんだりするかと思えば、抵抗を示したり嫌がったりもします。このタイプの子ども（成人してからもそうですが）は、相手がそばにいてくれるだろうか、自分を助けてくれるだろうかという不安に四六時中「とらわれて」います。

　とらわれ型の子どもの母親は、自恃型の子の母親ほどつねに拒絶的ではありませんが、そうかといって、安定した愛着が形成されるほど一貫して子どもと向きあっているわけでもありません。子どものそばにいたり、いなかったり、やさしく接したり、わけもなく冷たくしたりします。

　とらわれ型の子どもは（そして大人になってからも）、先の予測がつかないという不安を抱えることになります。

　要するに、とらわれ型の愛着スタイルは、一貫性のない母親の態度によって引き起こされる不快感に対処するための戦略なのだ、と心理療法士のダイアナ・フォシャは言います。

「母親が二度といなくならないように、その動きをつねに目で追ったり、身体にしがみついたりするのは、母親の矛盾《むじゅん》した態度によって引き起こされる恐怖や苦痛をコントロールするための方法なのだ」

残念ながら、とらわれ型は、安定した愛着を手に入れようという思いが強すぎて、しばしば相手を遠ざけてしまいます。成人するころには、こんな特徴が見られるようになります。

- ●相手と親密になりたいという気持ちが非常に強い
- ●愛着シグナルに対して過敏である
- ●相手の気持ちを確かめたり、試したりせずにいられない
- ●相手を引き留めようとして、「こうしてほしい、ああしてほしい。あなたがいないとだめだ」と強調する
- ●自分のほしいものを相手が与えてくれないと責める
- ●愛着欲求が満たされないと怒りだす

孤独は、とくに困難なときほど、とらわれ型の人を動揺させます。愛着の対象が離れてしまうと、こういう子どもは元気をなくしますし、成長してからは、恋愛の相手に去っていかれると不安に陥《おちい》りやすく、さらには嫉妬《しっと》の気持ちを抱きやすくもなります。つねに恋愛関係を求めずにいられない人もいます。

また、このタイプの子どもは、愛着関連の不安にとらわれるあまり、探索行動に身が入りません。成長後は人間関係にとらわれて、期待する成果を上げられない傾向があるという研究結果も出ています。

ときには自恃型ととらわれ型の両方の性質を表す人もいます。たとえば、あるときは感情を断ち切っていたかと思えば、あるときはどっぷりと感情に溺《おぼ》れたり、今まで誰にも頼らず超然としていたのに、急にべったり人に依存したりします。

いずれにせよ、不安定な愛着に分類される、いくつかの型《スタイル》に共通する特徴は、確信のなさです。つまり、相手が自分に心を寄せてくれるかどうか、相手に助けを期待してもいいかどうか、自信が持てずにいるのです。

③ 世話焼き型

不安定な愛着スタイルには「強迫的世話焼き」と呼ばれるものもあります。自分の欲求を否定して、相手の欲求ばかりに目を向けるのです。相手が助けを求めていようがいまいが、ただ親密になりたくて、その人に尽くそうとします。母親が子どもの世話を焼くより、子どもに世話を焼かれることを歓迎していた場合、このような愛着スタイルが形成されます。

最近の愛着理論家たちはこのスタイルを分類に含めていませんが、とらわれ型の子どもが世話焼き型の大人になることを示す事例はいくつか挙がっています。世話を焼くことは相手とのつながりを保つための一つの方法ですから、そうなるのも無理はありません。

④ 無秩序型

「無秩序型」は「混乱型」とも呼ばれる愛着スタイルです。一貫したパターンを持たず、複数のスタイルの特徴が混在しています。混乱を示すときもあれば、恐怖を示すときもあります。これは虐待《ぎゃくたい》を受けている子どもの大半に見られる愛着スタイルでもあります。

虐待する親は四六時中、子どもを虐待しているわけではありません。ときにはふつうに子どもの面倒を見ることもあります。そういう親は子どもに恐怖と安心の両方を感じさせるので、当然、子どもは混乱するのです。

このタイプの子は、親と同じように一貫性に欠ける行動を示すようになります。親の前で混乱したり、おびえたり、呆然《ぼうぜん》とすることさえあります。母親に甘えたくても、あるときはやさしく慰《なぐさ》めてくれたり、あるときはかんしゃくを起こして手を上げたりするので、安全かどうかわからないのです。

それに、ときおり母親がぼんやりしていることも解せません（ネグレクトや虐待を働く親の多くは、未解決のトラウマを抱えています）。

無秩序型の愛着スタイルは、アルコールや薬物を乱用する親の子ども、あるいは慢性のうつ病を抱えている親の子どもにも、よく見られます。

こういう子は、親の面倒を見る側に回り、子どもらしさを放棄してしまうこともよくあります。考えてみれば、それは賢《かしこ》い選択なのかもしれません。大人を信用できない、あるいは役に立たない存在と見なし、それなら自分が面倒を見る役を引き受けたほうが安全だろうと思うわけです。

無秩序型の愛着スタイルは次のような影響を及ぼすとされています。

- 感情機能、社会的機能、認知機能が著《いちじる》しく阻害される
- 自分で自分を落ち着かせることができない
- 自分が受けた仕打ちについて、それは自分のせいだ、自分には価値がないからだと感じる
- 周囲から孤立しているように感じる
- 警戒心が強く、人を信用しない。親密な関係を築くことを避ける
- 自我の防衛機制が働き、感情が麻痺《まひ》したり、注意散漫になったり、攻撃的になったり、あるいは引きこもり状態になったりする
- 脳が小さくなる。左右の大脳半球をつなぐ脳梁《のうりょう》がダメージを受ける

無秩序型の愛着スタイルは、不安定な愛着スタイルのうちでもっとも深刻とされていますが、「愛着障害」と呼ばれる無愛着の状態とは異なります。

愛着障害はほとんどの場合、「反応性愛着障害（ＲＡＤ）」を指す言葉です。ＲＡＤの子どもは主たる養

育者（母親）と愛着を形成できないか、誰とも簡単には人間関係を築けません。三歳までにひどいネグレクトや虐待、養育者との突然の別離などを経験したり、養育者が頻繁《ひんぱん》に入れ替わったりした場合に起きるとされます。

◆愛着をめぐるトラウマ

親やそれ以外の愛着対象の人物が幼い子どもにトラウマを与える状況がいくつかあります。独《ひと》りで放っておかれることがその一つです。子どもが対処しきれないほどの別離は心に傷を残します。愛着の絆が何度も途絶える、愛着対象を失う、といったことがそうです。また、愛着対象からの身体的、性的な虐待も大きなトラウマになります。

切羽詰《せっぱつ》まって助けを求めているのに応えてもらえない場合も、幼な心にはかなりの痛手です。たとえば、一方の親から虐待を受けていることをもう一方の親に伝えても信じてもらえなかったり、無視されたり、たいしたことはないと言われ、守ってもらえない場合がそうです。愛着対象との関係は、子どもがこの世を安全な場所だと学ぶためにあるということを忘れないでください。

安定した愛着は子どもの欲求が満たされてこそ育つものです。ＳＯＳを発している子どもを守らずに無視するのは、見捨てたのも同然です。また、人権侵害と見なされてもおかしくありません。

何歳であってもトラウマは人生に衝撃を与えますが、とりわけ愛着対象に由来するトラウマは、ほとんど消すことのできない傷跡となります。

◆不安定な愛着は誰のせい？

子どもの個性はさまざまとはいえ、養育者側の行動が安定した愛着の形成を左右するという考えにはかなりの裏づけがあります。とりわけ説得力を持つのは、乳幼児が両親の一方（主たる養育者）にだけ安定した愛着を示し、もう一方には不安定な愛着を示す場合があるという事実です。赤ん坊には、きちんと応答してくれる養育者との間に愛着を育てる能力が備わっているわけです。

母親に子どもへの応答を向上させるコーチングを行うと、愛着のパターンが変わることもわかっています。子どもへの応答が改善されると、たちまち安定した愛着が育ちはじめるのです。

子どもの不安定な愛着の原因は母親にあるとはいえ、「母親が悪い。母親がやさしくない」と責めたいのではありません。母親の側にもさまざまな事情が考えられるからです。たとえば、母親が赤ん坊を愛《いと》しく思う一方で、助けを求められることに恐怖や嫌悪《けんお》感《かん》を抱いている場合もあります。するとそこから悪循環が始まります。母親が育児をためらえばためらうほど、赤ん坊はますます欲求を強めるでしょう。そして助けを求めて泣き叫ぶ赤ん坊の切羽詰まった様子に、母親はさらにおびえるのです。

こうした事情以外にも、母親が赤ん坊の発するシグナルをうまく読み取れない、他のことで頭がいっぱいで余裕がない、精神的に参っている、うつ状態にある、情緒不安定で、拒絶されることに過敏になっている、自分自身がマザリング不足のまま育った、などが考えられます。

忙しすぎる母親や育児に無関心な母親に欲求を満たしてもらえずに大人になった人は、母親から刷りこまれた養育パターンを、心ならずも自分の子どもに対してくり返すようになります。どんなに求めても得られなかったものを誰かが手に入れるというのは、人間にとって、耐えがたい心の傷を掘り返すようなものなのです。そうした心理は母親にも働きます。

では、自分の母親に何があったのかをどうすれば冷静に理解できるでしょうか。そのことは、のちほど詳しくお話しすることにして、ここでは、赤ん坊だったあなたと母親との関係性や愛着スタイルを決めたのは母親だったと覚えておきましょう。自分のどこがいけなかったのか、などと考えないでください。

あなたは愛着というダンスの一方のパートナーだったとはいえ、母と子が互いにそっぽを向きあうという悪循環の状況では、そのことに気づき、接しかたを変えていく責任は、大人である母親にあったのですから。

◆安定した愛着は取り戻せる？

安定した愛着を一度も経験しなかったという人は、今からでも遅くはありません。安定した愛着を育てればいいのです。安定した愛着には次のような多くの利点があります。

- この世とつながっているという感覚を持てる
- 人間や人生を今よりも肯定的、楽観的にとらえられるようになる
- 安心感を維持できるようになる
- 自分は孤独ではなく、誰かに守られていると感じ、くつろげるようになる
- 自尊心や自信につながるようなポジティブな感情の基礎ができる
- 困ったときや何かが必要なとき、人を頼ることができるようになる
- 好ましい神経回路を強化し、脳の発達を刺激する
- 自己調整能力（44ページ）が高まる
- 人生でさまざまな困難に出会っても、自分は乗り越えられると確信できるようになる

マザリング不足によって生じた心の隙間をふさぐには、信頼のおける誰かとの間に安定した愛着を育てることが必要なのです。

◆愛着対象になる人とは

大人になってからは、たいてい、恋愛や結婚のパートナーが愛着の対象になりますが、セラピスト、カウンセラー、母親的な人物、親友がその役割を果たしてくれる場合もあります。また子どもによっては、頭の中で友だちをつくりだして愛着欲求を満たす場合もあります。大人でも子どもでも、ペットにある種の慰めや絆を求める場合は珍しくありません。

愛着対象を特定できない場合は、自分自身に次の問いかけをしてみてください。

▼ひどく動揺したとき、誰のところに行くと心が落ち着くだろう。困ったとき、私は誰を頼るだろう。

▼私が元気かどうかをほんとうに心配してくれるのは誰だろう。ありのままの私を、何の見返りもなしに気づかってくれるのは誰だろう。

▼もし私が大事故に遭《あ》ったり、大病を患《わずら》ったりして、ほとんど一人では生きていけない状況になったら、誰にいっしょにいてほしいと思うだろう。

▼いつも変わらずに当てにできる人は誰だろう。

また、自分の子ども時代を振り返って、誰が頼りになったかを考えてみるといいかもしれません。

◆自分の愛着スタイルを知る

自分の愛着スタイルがよくわからないという人は、次の記述を読んで、どれが自分に一番近いか考えてみてください。ただし、これは母子関係ではなく、大人同士の親しい関係を想定した記述です。

各スタイルの記述は三項目に限定しました。これまでに開発された評価尺度はもっと詳細なものですが、ここに挙げた三項目だけでも、ある程度のことはわかるでしょう。

① **スタイルA**

＊恋愛のパートナーがほんとうは自分を愛していないのではないか、いっしょにいたいと思わないのではないか、と悩むことがよくある

＊親密になりたいと思う気持ちが、相手をかえって遠ざけてしまうことがある

＊親密さを求める私の気持ちのほうが、相手の気持ちをはるかに上回っている場合が多い

② **スタイルB**

＊私は誰かに頼るのが好きではない。わざわざ傷つくようなものではないか

＊他人に自分の弱さを見せたくないほうだ。いや、むしろ自分が弱いなどと感じたくない

＊親密さを強く求められると落ち着かなくなる

③ **スタイルC**

＊誰かを頼ることにも、誰かに頼られることにも抵抗がない

＊比較的簡単に人と親しくなれる

＊必要なときには（たいてい）相手が助けてくれると思う

④ **スタイルD**

＊相手の欲求を満たすことで、その人と親しくなろうとするほうだ

＊欲求を満たしてやれば、その人は離れていかないだろう

＊自分と相手の欲求の両方を満たすのはむずかしいと思う

もうおわかりだとは思いますが、念のため確認しておきましょう。スタイルAはとらわれ型、Bは自恃型、Cは安定型、Dは強迫的世話焼き型です。無秩序型には明確なスタイルがないので、こうした簡単な評価方法で自己判断するのはむずかしいでしょう。

愛着スタイルをさらに深く探る方法はたくさんありますが、ここでは、今のあなたの生きかたに隠されたヒントをいくつかご紹介しておきます。

たとえば見捨てられることにどんな反応を示すかは、愛着スタイルを知る手がかりの一つです。先述の「新奇場面法」を思いだしてください。母親がよちよち歩きの子どもから離れ、しばらくして部屋へ戻ったとき、子どもがどんな反応を示すかで愛着スタイルがわかります。

頑《かたく》なでよそよそしい子ども（自恃型）は母親になつくまでに時間がかかります。たいていの場合、母親には目もくれず、基本的に「ママなんかどうでもいい」という態度で、自分の作業に集中します。

あなたは愛着を感じていた人に去られたとき、どんな反応を示すでしょうか。愛する人にさみしいという気持ちを示すなんて、弱みをさらすようでできませんか（自恃型）。それとも愛する人が去ったら、つらいと思いますか。相手が戻ってきても、よりを戻すのはむずかしいと思いますか。捨てられたという思いが頭から離れず、たとえ相手が戻っても、その思いから自分を解放できませんか（とらわれ型）。戻ってきた相手を懲《こ》らしめたいと思いますか（とらわれ型はとくにその傾向が強い）。

先ほどの新奇場面法による調査で、子どもの愛着スタイルが色濃く現れるのは、母親がいなくなったときの反応よりも、母親が戻ってきたときの反応なのです。

基本的な愛着スタイルは、重要な人間関係で失望したり、傷ついたりしたときの反応にも現れます。誰かに落胆させられたとき、あなたはどうしますか。

たとえば、大切な記念日や行事を見過ごされたとしましょう。相手がついうっかり忘れたのだとしても、あなたは深く傷つきますか。愛情が少し冷めますか。ちょっとばかり仕返しをしてやりたくなりますか。たいしたことはないと自分に言い聞かせ、失望を隠そうとしますか。それとも素直に失望を表すことができますか。

こういうとき、安定した愛着スタイルの人は精神的な立ち直りが早く、感情を素直に表すことが上手です。自恃型の人は心の傷や失望を（親密になりたいという思いと同様に）隠す傾向が、とらわれ型の人は、より安定した関係を築きたいばかりに、心の傷や失望を大げさに表し、場合によっては罪悪感《ざいあくかん》を利用する傾向があります（ここで自恃型ととらわれ型だけに注目したのは、この二つが不安定な愛着の中でもっとも研究され、言及されているからです）。

◆愛着スタイルは一つだけ？

もちろん、複数のカテゴリーにまたがる愛着スタイルの特徴を持つ人もいるでしょう。自分がどのスタイルに分類されるのかにこだわるよりも、さまざまな特徴——誰かに頼ったり自分の弱さを見せたりすることへの抵抗感、親密さの許容度、感情処理能力、安心感や自分は必要とされているという感覚——に幅広く注目したほうがいいかもしれません。

こういった特徴はこのあとの章でも引きつづき取りあげていきます。

また、特定の人間関係ごとに自分の愛着スタイルの特徴を考えてみるのもいいでしょう。子どもが両親のそれぞれに異なる愛着スタイルを示すように、私たちは、大人同士のさまざまな人間関係でも、ある一定の愛着関連の特徴を示すのです。

愛着スタイルに注目することの意義は、自分の持つ、そうした特徴やパターンに光を当てることにあります。そしてまた、それらのパターンが、人生の最重要期である赤ん坊のころに養育者との関係によって形づくられたと考えてみることも有意義です。

◆母子関係がその後の人生に与える影響

乳幼児のころ母親とのかかわりが皆無《かいむ》だった人もいれば、安定した幸せな関係に恵まれた人も、そのどちらでもない中間に属す人もいますが、母子という、この重要な人間関係の影響から逃れられる人はいません。

幼いころの経験があなたという人間を形づくっています。あなたは自分自身や他人をどう見ているでしょうか。人間関係に何を期待しますか。自分のことをどう感じているでしょうか。また、自分を守るためにどんな（健全な）習慣を実践していますか。

では質問です。

▼今のあなたは愛着欲求をどのように表現する（あるいは表現しない）人ですか。その行動パターンは、一〇代のころの経験や大人になってからの経験にどう影響していますか。

▼その行動パターンは、子どものころにこうだったろうと推測される母親との愛着パターンとどう関連していると思いますか。

◆愛着スタイルを変えることはむずかしい？

幼いうちであれば不安定な愛着スタイルを修正するのは簡単です。母親に指導を行うと、愛着形成でたちまちポジティブな結果が得られることはすでにお話ししました。特定の人間関係において愛着スタイルが形成されてから時間がたてばたつほど、逆転するのはむずかしくなります。

母親との不安定な愛着を帳消しにし（それに代わる）安定した愛着を形成するのは、おもに子どもの側の能力にかかっているとはいえ、早い時期であれば修正は比較的容易だと考えられています。

研究によって、母親との不安定な愛着を補う、もしくは克服するうえでもっとも重要なファクターになるのは、父親（もしくはその他の二次的養育者）との安定した愛着であることがわかっています。

一方、成長してから根本的な愛着スタイルを変えるのは、少々むずかしいとされています。けれども大人には大人なりの方法があります。セラピーやワークによって、心の古傷ときちんと向きあう、自分の信念の核心部分を明らかにし、生きかたを変える、といったことが可能になるからです。

新しく健全な愛着スタイルを生みだすことのできる人間関係を持てば、今までの考えかたや態度に変化が生じ、その関係を足がかりに世界を広げていくことができるでしょう。そのことについては後半の章で詳しくお話しします。

どうか忘れないでください。人間とは、本来、愛着関係を育てられるものなのです。それが自然の摂理《せつり》です。

第4章 「私」という人間を形づくるもの

◆守られているという感覚

愛着だけが人格をつくりあげる要素ではありません。この章では、安定した人間関係とは何かを簡単におさらいしたあと、子どもの自我意識を育てるそれ以外の要素について見ていきましょう。

安全や安心の感じかたは子どもと多くの大人では多少異なります。ただし、非常時には年齢に関係なく、自分の愛する誰かに触れていたくなるのが人間です。爆弾が飛び交う中では誰もが一番大切な人にしがみつくでしょう。

幼い子どもにとっての安心とは、欲求を満たしてもらえるやさしい環境に包まれている状態を指します。部屋の戸締まりが子どもを安心させるわけではありません。

「ママは私を見てくれる。ママは私を覚えていてくれる。ママは私を大切にしてくれる。ママは私のことを忘れない」という実感が安らぎを与えるのです。

母親がいつも他のことに気を取られていたり、ぼうっとしていたり、イライラしていたりすると、子どもはこうした実感を持てません。誰かに依存しなければ生きていけない子どもにとって、頼みの綱がしっかりしていてこそ安心できるのです。

誰かに全面的に依存しなければならない状態がどれほど心細いか、こんなふうに考えるとわかりやすいでしょう。あなたが乗っている飛行機にはパイロットが一人しかいません。ところが、そのパイロットはなんと酔っ払っていたのです。

あるいは、今まさに手術を受けようというときに、自分の執刀医が何もわかっていない人だと知ったら、どうでしょう。わが子と心を通わせることのできない、情緒的に不在の母親を持つことは、子どもにとって、自分の乗った船の船長が人間ではなくてマネキン人形だったと知るようなものです。

子どもの安心感はさまざまな要素から成り立っています。母親らしいふるまい、母親が自分の欲求を細やかに汲《く》み取ってくれているという実感、そして抱かれているという感覚などがそうです。ある女性は、自分の中の幼いインナーチャイルドの視点から、こんな日記を書いています。

> ピンク色の毛布にすっぽりくるまれていたい。しっかりと抱かれ、包まれていたいのだ。安心感、それは私の知らない感覚。温《あたた》かく安全な場所で、手厚く保護されていること。そんなふうにしっかりと包まれていたら、必死に自分をつなぎ合わせようとする必要もないだろうに。

最後の一節は、小児科医で精神分析家のD・W・ウィニコットの言葉を考えると、とりわけ興味深いかもしれません。ウィニコットは、「子どもというバラバラのかけらをつなぎあわせる」のが母親である、と述べています。

母親は赤ん坊にとって接着剤であり、すべてを収めてくれる器《うつわ》でもあります。母親がわが子を慈《いつく》しむように抱きしめるとき、子どもはよりどころを得るのです。そのよりどころとは、つまるところ、母親の心《ハート》にほかなりません。

くり返しになりますが、こうした母親との関係から生まれる安心感は、子どもが外の世界を探索するのに必要な安全基地となります。戻れる場所があるからこそ、子どもは安心して出かけられるわけです。しっかり抱きしめられていれば、しがみつく必要がないのと同じように。赤ん坊は安心していれば探索に出かけ、そうでないと母親との絆《きずな》を求めることは、研究でも証明されています。人間は生まれつきそのようにプログラムされているのです。

一方、安心感を得られずにいると、不安が大手を振るうようになります。不安は、しばしば不健全な心理的防衛反応や精神病理の原因と見なされていますが、その不安の出発点にあるのが、自力ではどうしようもない状況に置かれながら誰にも守られず一人ぼっちだという感覚です。つまりそれは、頼りにならない、反応してくれない養育者との関係から始まるのです。

◆ありのままの自分でいられるには

子どもにとって、安定した母子関係は発達を支える第一の器です。それに対して、円満な家庭はひと回り大きな第二の器になります。たとえるなら、良質な土の入った植木鉢に植えられた植物が、日当たりと温度管理の行き届いた部屋に置かれているようなものです。

円満な家庭は心地よい環境です。そこでは誰もが互いを信頼し、心穏《おだ》やかです。各自が家族を協力協調の単位と認識し、それぞれの欲求や満足感が尊重され、しかも、子どもの欲求は最優先されています。子どもにもそれがわかるので、自分には居場所があると感じています。欲求を持つこと、自分らしくいることが許される場だと感じるのです。

円満な家庭では、子どもが自力で解決を迫られるような危機的状況に放置されつづけること（あるいは、自力で何も解決できないほど未熟な時期であれば、いつまでも我慢と向きあわされること）がありません。家族同士が権力争いをくり広げることも、静かに（または派手に）火花を散らすこともないでしょう。子どもは息をひそめていなくていいので、リラックスして自分らしくのびのびと生きられます。

円満な家庭には、必ずではありませんが、母親に次ぐ第二の養育者（男性とは限りません）がいるでしょう。なぜならサポートしてくれる大人の家族がいれば、母親自身も幸せでいられるからです。

家族の間につねに摩擦《まさつ》があるようでは、母親の支えになりません。また円満な家庭には、ほかにも子どもがいるかもしれないし、いないかもしれません。ペットもそうです。

ストレスと不満がはびこっている家庭では、面倒を見なければならない存在が多いほど母親は疲弊《ひへい》しますが、円満な家庭であれば、母親はどの家族にも惜《お》しみなく愛を注ぐことができるでしょう。与えることを楽しんでいるようにさえ見えるかもしれません（などと言うと、まったく別の経験をしてきた人はショックを受けるでしょうが）。

母親が幸せそうにしていることは子どもにとっても大きな幸せです。ためしに母親が笑っている写真を思い浮かべてみましょう。いかにも楽しそうにしています。あなたや他の人たちといっしょにいることがうれしくてしかたないようです。

不満は一つもありません。なんとリラックスしていることでしょう！　ゆったりとくつろぎ、ニコニコしている母親。それを見ていると、子どもは「ママには問題がないのだ」と安心します。そして、自分にも問題ないと感じるのです。

母親が他のことで頭がいっぱいだったり、悩みごとを抱えていたり、落ちこんでいたりすると、子どもはリラックスすることも自分らしくしていることもできません。ふさぎこんでいる母親、疲れ切っている母親を前に、自分はゆったりくつろいで感情のままにふるまうのは、なんだか決まりが悪いのです。

母親を元気づけるために、せいぜい笑顔を装うことはあるとしても、内心はちっとも幸せではありません。母親がほんとうに幸せでいれば、子どもはこうした負担から解放され、ただありのままの自分でいられるのです。

◆精神的な回復力を育てる

幸せで健全な家庭とは問題のない家庭ではありません。問題と正面から向きあうことができる家庭を意味します。臭いものに蓋《ふた》をしていれば、やがて問題は山のように大きくなるでしょう。そうなる前に摩擦を解消できること、そして、家族間のさまざまな対立を解決できる大人がいること、それが円満な家庭なのです。

このことは、人間関係を考えるとき、きわめて重要な意味を持ちます。人間はときに怒りの感情を持ち、対立することがあっても、仲直りできるものだ、ということを子どもは学ばなければならないからです。

第1章で触れたように、「ほどほどによい母親」はたびたび的外《まとはず》れな対応をしますが、子どもとの途切れたつながりをくり返し修復することで、絆を強くし、しなやかにたくましい子どもを育てていきます。それは母子関係に限らず、セラピストとクライエントの間、パートナー同士や重要な存在同士の関係にも言えることです。

たとえ感情の行き違いで相手を動転させることはあっても、それを理由にその人が離れていくことはない、ともに乗り越えていけるのだということを、私たちは学ばなければなりません。

そのことを学ぶには経験が必要です。この私もショックとともに学んだ一人です。セラピーを受けていたころ、あるとき不満と怒りを抑え切れず、とうとうセラピストに当たってしまったことがありました。ああ、これで信頼関係もおしまいだ、と思いました。怒りを顕《あら》わにすれば、相手との絆は永遠に絶たれてしまうにちがいない、私はそう思いこんでいたようです。

ところが、セラピストとの関係は壊れるどころか、それを機に、むしろ深まったのでした。家族にさえ一度も怒りをぶつけたことがなかった私は、はじめての経験に戸惑うばかりでした。仲たがいと仲直りのプロセスを知るだけの経験が、明らかに欠けていたのです。

途切れた絆は修復できるものだと知ることも、安定した愛着の一つの側面であり、子どもの精神的な回復力（レジリエンス）を育てるのです。

◆人生という複雑な世界に居場所を持つ

子どもの帰属感を育てる要因はたくさんあります。たとえば、同じ苗字を名乗り、同じ家に住み、似たような目鼻立ちをしている、といった、いかにもわかりやすい外面的な事柄がそうです。

一方、安定した愛着も強い帰属感を育てます。なぜなら、愛着は人生という複雑な世界に私たちをつなぎとめ、居場所を与えてくれるからです。この世に属しているという感覚は、どの特定の人間関係よりもスケールの大きなものですが、それを育てるためのお膳立《ぜんだ》てをしてくれるのは、私たちが人生ではじめて人間関係を結ぶことになる母親なのです。

そこから出発して、やがて私たちは、チーム、種族、地域、クラブ、国家、社会運動などの一員として、あるいは親として、伴侶《はんりょ》として、また新たな帰属感を獲得していきます。こうしたさまざまな帰属感は、自分は何かの一部である、そこに含まれているという感覚を与えてくれます。

自分という存在とその価値を認められることも帰属感の一つです。家族に「おまえはうちの子だ」と言われても、ありのままの自分が認められているという実感がともなわなければ、家族の一員のようには感じられません。

◆「偽りの自己」を引き受けないために

自我が芽生えはじめた子どもは感受性がとても豊かです。そして〈グッドマザー〉はそのことを知っています。ですから、子どもとの絆を大切にするのと同様、芽生えはじめた自我にも細心の注意と敬意を払います。母子の絆づくりは機織《はたお》りのようなものです。たて糸の間に杼《ひ》（シャトル）を行き来させて布地を織りあげるように、心と心を通わせながら紡《つむ》いでいくのです。

そうした心の交流は自我の形成に決定的な役割を果たします。赤ん坊はまだ一人の独立した存在としての自我を確立していません。他者、つまり母親との関係から生まれる感情や感覚にどっぷり浸《つ》かっている状態です。

そんな子どもの自我の発達を母親は促します。母親の支えと励ましは子どもの人格形成に欠かせない要素です。自分は見られているという感覚なくして、子どもは「真の自己」を確立することはできません。それを可能にする唯一の方法は、母親が赤ん坊の感情や経験を鏡映しのようにフィードバックしてやることです。赤ん坊の感じていることに共感したり、経験していることをほめてやったりするわけです。

そうしたミラーリング（共感的な映しだし）や励ましを受けられない子どもは、本来の個性を伸ばすことができず、相手の言う自分の姿に妥協し、「偽《いつわ》りの自己」を引き受けるようになります。人によっては、この偽りの自己（誰もがある程度は持っているとはいえ）が真の自己を覆《おお》い隠してしまうほど肥大化する場合もあります。

◆成長に必要な養分

真の自己を手に入れるためには、自分らしく育つことのできる環境、人格の発達に必要な栄養を与えてくれる環境が必要です。養分不足の土壌に植えた草木は大きく育たず、本来の性質も変化してしまいます。それと同じように、精神的な養分の乏《とぼ》しい環境では、赤ん坊の発達は阻害されるのです。

先述のミラーリングや調律的応答に加えて、無条件の受容（「ありのままのあなたでいいのだ」という承認）、尊重、価値などが赤ん坊の滋養《じよう》になります。子どもが成長するには、ありのままの自分に価値があること、そして存在しているという事実そのものに価値があることを認めてもらう必要があるのです。

それがない子どもは、自分が場違いな存在であるかのように感じ、帰属感を持つことができません。そのために人生が生きづらくなります。

家庭の中で尊重され評価される価値は、どんどん伸びていくものです。

ではここで、エクササイズをご紹介しましょう。

▼ここに挙げた項目のうち、あなたの家庭で大切にされていた価値は何ですか。

●知性
●習熟と達成
●かわいらしさ
●無邪気さ
●繊細さ
●感受性
●度胸
●ユーモアやおかしさ
●タフさ
●愛情の豊かさ
●他者を必要とすること
●（時としてうぬぼれとも言えるほどの）自信
●肉体を持つことの喜びを堪能《たんのう》すること
●魅力的であること
●他者を助ける行動
●感情表現
●想像力と創造力

▼あなたの家庭で、ほとんど無視されていたのはどの価値ですか。軽くあしらわれていたのは？　そのことについてどう思いますか。その価値観が顧《かえり》みられなかったことで、あなたの成長にどのような影響があ

りましたか。

あなたの中に認めてもらえなかった価値観があるなら、自力で経験し直せばいいのです。大切な誰かが、あなたの中にあるその価値を認め、ほめてくれる様子を想像してください。「あなたのそこが一番好きだ」と言ってもらいましょう。どんな気持ちになるでしょうか。その感覚をじっくり味わってください。

幼いころ認めてもらえなかった価値に対しては、拒絶反応を起こしやすく、その価値を自分のものとして認め、それに沿って行動するためには、みずからの拒絶反応を解決しなければならないこともよくあります。

◆子どもらしさを否定されて育つと

そもそも子どもとはどういうものかを考えてみましょう。

- ●誰かに依存している
- ●欲求を持っている
- ●忍耐力に限りがあり、わがままである
- ●屈託《くったく》がなく純粋である
- ●未熟・未発達である
- ●感じたことを感じたままにすぐさま表現する
- ●親密さと愛情を求める
- ●繊細で愛らしい

これらは文化や境遇に関係なく子どもに広く見られる特徴ではないでしょうか。ただし周囲から強くとがめられなければの話です。

ではさらに突っこんだ質問です。今述べたような特徴は、あなたの家庭では無視されていた、もしくは否定されていたのではありませんか？　もしそうだとすれば、子どもでいるのはよくないことだ、子どもから卒業しなければならない、と言われていたも同然です。

もちろん、成長につれ、子どもは自立に向けて親からの励ましを必要としますが、母親の愛情不足を経験した子どもの場合は、自立することばかりに価値が置かれ、本来の子どもらしさは大切にされなかったのです。子どもらしい欲求を満たすことよりも、早々にそれらの欲求から脱却することが、よしとされていたわけです。

親がこうした「子どもらしさ」を否定する理由はいくつも考えられますが、よくあるのは自分自身が早くから自立を迫られたという場合です。

たとえば、幼いころ、子ども特有の愛らしさをまったく認めてもらえなかった女性は、わが子の愛らしさを素直に喜べなくなります。自分の心の傷を逆《さか》なでされるようでつらいからです。また、他者への依存や感受性など、子どもが見せる、脆《もろ》い側面についても同じことが言えるでしょう。

自分が子どものころ苦労を強《し》いられたり、虐待《ぎゃくたい》されたりして、純真無垢《むく》でいられるはずの時期を奪われた人は、何の疑いもなく無防備でいた自分を許せません。そのため、わが子の見せる繊細な一面が危険に思えて、不快になるのです。

自分ではどうしようもない不当なストレスや困難な状況のせいで、わが子の繊細さを愛《め》でることができない母親もいるでしょう。ところが、おおもとをたどると母親自身の子どものころの経験に原因がある場合が多いのです。

また、早くから大人になることを期待され、子どもらしい欲求や限界を置き去りにしてきた人は、わが子に非現実的な期待をかけるようになります。そういう母親は怒りを爆発させやすく、虐待に走る傾向があります。

▼子どもらしさのリストをもう一度見てください。あなたの親が大切にしていたのはどれだと思いますか。

▼子どもの繊細さを示す特徴の中で、あなたの母親が素直に喜べなかったものがあるとしたら、それはなぜだと思いますか。

子どもが自然な発達を遂げるには、それぞれのペースで進まなければなりません。無理やり成長させられれば、たいていはゆがみが生じます。誰もがいずれ子ども時代を無事に卒業するためには、まずのびのびと子どもでいられることが必要なのです。

◆不可欠なスキンシップ

愛情たっぷりのスキンシップは、自我意識だけでなく、自己価値感を育てるうえでも重要な要素です。スキンシップがなければ赤ん坊は死んでしまいます。それほど不可欠なものがスキンシップなのです。

「発育不全（FTT）」という言葉をご存じでしょうか。何年も前に児童養護施設で確認された、ある現象を指しています。施設内にずらりと並べられた新生児ベッドのうち、列の一番奥に寝かされている赤ん坊は、手前の赤ん坊と同じようにミルクを与えられているにもかかわらず、衰弱や死亡する率がきわめて高かったのです。そこで調査を行ったところ、唯一の違いは、列の奥の赤ん坊が他の赤ん坊と違って、抱きあげられることも、かまわれることもないという点でした。さっそく対応を改善したところ、発育不全は劇的に減少しました。

スキンシップにはさまざまな身体的な利点があります。神経系の発達を促す、免疫系を刺激する、ストレスホルモンの分泌を抑えるなどがそうですが、ここでは情緒的、心理的な利点に絞《しぼ》って考えてみましょう。愛され、慰《なぐさ》められ、守られているという感覚はスキンシップによってはぐくまれます。

適切なスキンシップは自分の肉体を自分のものとして意識させてくれます。逆に、ふれられることの少ない子どもは肉体とのつながりを感じられず、非現実感を味わいます。現実感とは本来、自分は自分の肉体に根差しているという感覚から来ており、それを感じさせる一つの要因がスキンシップなのです。スキンシップの欠如《けつじょ》、あるいは暴力的な接触は、肉体と精神の乖離《かいり》を引き起こすこともあります。

皮肉なことに、スキンシップ不足は、自分の肉体に閉じこめられているという感覚をもたらします。人類学者アシュレイ・モンターギュは著書『タッチング――皮膚は人間にとっていかに重要か（*Touching: The Human Significance of the Skin*）』（未邦訳）の中で、「子どもが殻を脱ぎ捨てられるようになるのは、もっぱら、その殻（肌）に触れられ刺激されたときである」と述べています。

十分なスキンシップを経験しなかった子どもは、自分の皮膚の内側に閉じこもり、通常の接触ですら恐れるようになります。これは「触覚防衛反応」と呼ばれ、触れられることに鈍感あるいは過敏、または触れられることを嫌がる、といった形で現れます。

ポジティブな接触を十分に受けられなかった子どもの多くは、自分には何かまずいところがあるにちがいない、だから触ってもらえないのだと（無意識に）感じるようになります。ネガティブな接触とは乱暴なしつけや敵意のこもった行為です。

どちらも子どもに自己価値感を教えるものではありません。認知能力が未熟な段階にある子どもは、親の間違った行為や落ち度が自分のせいではないということを理解できません。スキンシップ不足が早い段階で起きるほど、発達に与えるダメージは大きいとされています。

母親がわが子とのふれあいを楽しめないのには、さまざまな理由が考えられます。母親自身が子どものころ十分なスキンシップを受けられず、触覚防衛反応を起こしているのかもしれません。そのために、自分が肉体を持って今ここに存在しているという実感が希薄なのです。

そういう人にとってスキンシップはなじみがなく、得意分野ではありません。虐待などが原因で、自分の身体や、子どもを含めた他者の身体に違和感を覚えている場合もあります。自分の身体を恥《は》じている母親は、自分の子や孫にもその感覚を伝えていく傾向があります。

ではここで、ご自分のスキンシップを振り返ってみてください。

▼あなたは子どものころどのような身体的接触を受けましたか（「何歳のころはこうだった」と年齢別に考えてもいいでしょう）。

▼あなたの母親はスキンシップが不得意そうでしたか。そうだとすれば、それはなぜだと思いますか。

▼自分にはスキンシップが足りなかったと感じていますか。そのことが自分にどんな影響を与えたと思いますか。身体的接触を求めて、あまり安全とはいえない行動に出ることがありますか。さまざまなスキンシップを心地よく受け入れられますか。

▼子どものころあまりスキンシップを経験しなかったとすれば、なぜだと思っていましたか。自分はふれられるに値しない人間だという感覚はありますか。

◆愛がなければ何一つうまく作用しない

スキンシップこそが媒体《ばいたい》であり、その媒体を介して、愛というメッセージが伝わるのだ、とも言えるでしょう。その一方で、子どもを育てる豊かな土壌という意味では、愛もまた媒体なのです。

すべての心は愛によってはぐくまれ、愛を受け入れることで開かれていきます。愛されるほど人は愛情豊かになり、それと同時にしなやかな強さを獲得していくのです。

愛はスキンシップを介してのみ伝えられるものではありません。声の調子、顔の表情、的確な応答、言葉づかい、手厚いケアなどからも、愛は伝わります。そういうものから、子どもはそこにどれほどの愛が込められているか（いないか）を感じとるのです。

そこに愛があれば、保護、励まし、支え、導きなどのマザリング行動の要素は満たされます。愛がなければ、不注意や不適切な保護になるかもしれません。場合によっては、保護とは名ばかりの不当な制限や制約になることもあるでしょう。

愛のない制限は子どもにとって、親の自己満足とも受け取られかねません。どんな励ましも愛がなければ、応援というよりも押しつけになってしまいます。親が優越感に浸《ひた》りたいがために子の成功を願っているようにさえ感じられるかもしれません。愛がなければ、何一つうまく作用しませんが、愛があれば、どんなにぎこちない育児でも許容されるのです。

ここまで、人の成長発達に必要なさまざまな要素と、〈グッドマザー〉が果たす重要な機能について検討してきました。ここからは、それらの要素や機能が欠けていたらどうなるかを考えていきましょう。

第5章　心の叫び「ママはどこ？」

◆マザリング不足が残すもの

幼い子どもは、人間の行動の裏にある外的要因をすべて理解できるほどの判断力を持ちあわせてはいません。ですから、他者から傷つけられたり見捨てられたりすると、自分の行動が原因だと思いこみ、悪い子だから愛される資格がない、と結論づけてしまいます。

必ずしもはっきり意識するわけではありませんが、「自分のせいだ」という思いを心のどこかに抱えて生きていくことになります。この本の冒頭の「ママはどこ？」という詩でも、最後にそんな子どもの心情が現れています。「わたしが　悪い子だったの？」と。

「自分は母親にとって重要な存在ではない」という思いは、空白をつくりだします。たいていの子どもは心に隙間ができたように感じるでしょう。それは本来、そこにいるべき母親がいないことによってできる、心の空白地帯なのです。

さらに分析すると、こうした心の隙間は三つに分類できそうです。一つ目は外から見てそれとわかる隙間です。母親不在の影響は、しつけや養育の不足、社会性の乏《とぼ》しさとなって現れるかもしれません。あるいは、言語能力、運動能力、初期の学習スキルの発達に必要なだけの、個別のサポートを受けられなかったことが原因で、発育が遅れ気味になる場合もあります。

二つ目は、マザリング不足によって自我意識に生じる隙間です。厳密には、複数の隙間と考えるべきかもしれません。「自分は愛されていない」「ミラーリング不足のせいで自分という存在を実感できない」「励ましや称賛を受けなかったために自信を持てない」「自分はどこにも属していない」「よりどころがない」といった感覚が原因でいくつもの隙間ができるからです。

マザリング不足のまま育ったある女性は、愛情への強い飢餓《きがかん》感について、こんなふうに語ってくれました。「心に隙間があるから、つねに満たされないんです」

未熟児で生まれ、保育器に入れられていた彼女は、通常の新生児ほど母親と接する機会がありませんでした。そのため、いつも誰かにやさしくふれてもらいたい、かまってもらいたいという切実な願いを持つようになりました。思春期はつねに愛情に飢え、誰かが少しでも関心を示してくれると、その人にたちまち恋していたそうです。

こうした心の空白は極度の孤独感となって現れる場合もあります。ある女性は四歳のとき、寂しさがどっと押し寄せてきて、「私にはママがいないみたい」と思ったと言います。すると、彼女の中の理性的な部分が「いいえ、ママはいるじゃないの」と反論してきたので、ひどく混乱したそうです。

三つ目の隙間は、みずからを癒《いや》すために自分の内面に母親を育てようというとき、実の母親と同じ欠落部分を見つけてしまう場合です。自分自身をどう応援し、どう励ませばいいのか、どうすれば我慢強くやさしくなれるのか、自分の欲求や限界とどう向きあえばいいのかがわからない、つまり自分の内なる母親《インナーマザー》にも隙間があったと気づくわけです。

本書はこれら三種類の心の隙間のすべてをカバーしています。〈グッドマザー〉による養育と、あなたが受けた養育とを比較すれば、どこのどんな部分が失われていたか、不足していたかがわかるでしょう。第7章から第12章では、それらの隙間をふさぐための癒しのプロセスについて述べていますが、内なる母親の育てかたについては、第9章と第10章で重点的に触れています。

母親がそばにいたか、いなかったかという記憶は、非常に幼い時期までたどることができます。ある女性の場合、毛布の上に寝ている自分が、しばらく腕を突きだしていたあと、結局、誰も来てくれなかったために、腕をぱったりと落とす様子を覚えていました。

ワークショップでも、ときどき似たようなエクササイズを行います。実際に赤ん坊のように横たわり、腕を伸ばし、助けを求めるのです。ところが、心の傷が深すぎて、このエクササイズに取り組めない人もいます。さらに驚くことに、その種の大きな傷を抱えていない人でさえも、母親役の人物がほんの数回ほど姿を現さないだけで、助けを求めつづけることができないのです。

ある女性は、赤ん坊だった自分がベビーベッドの柵をガタガタいわせながら、「ママはどこ？」と怒り狂っている様子を語ってくれました。

リタという中年女性は、極端なマザリング不足によって負った幼いころからの傷を癒そうとワークをつづけていました。すると突然、赤ん坊の自分が女の人の膝《ひざ》に座っている光景が浮かんできたそうです。しかも、その女の人には腰から上がありません。

リタは心の中で叫んでいました。「よくもまあ、赤ん坊にこんなひどいことを！」

なんという強烈なイメージでしょう。子どもにとって心のうつろな母親とはまさにこんなふうに感じられるのです。まるで存在しない人のようではありませんか。こうした母親を持つことは子どもの生存を脅《おびや》かすほどの衝撃であり、だからこそ神経系に深い傷が刻《きざ》まれるのです。

◆不在時間が長い母親の場合

乳幼児には養育者が絶対に不可欠です。養育者がいなければ、赤ん坊は生きていけません。第2章で説明したような子どもの重要な欲求が満たされるチャンスは皆無《かいむ》でしょう。

　精神的に不在の母親と同様に、物理的に不在の母親にもさまざまな事情が考えられます。生後早い時期からの不在、長期の不在、あるいは頻繁《ひんぱん》な不在は、もちろん子どもの心に傷を残します。一時的にせよ物理的に不在であれば、その間は精神的にも不在だからです。

　だからママは家にとどまって育児に専念せよ、と言いたいのではありません。家計のために働かざるを得ない母親はたくさんいます。その一方で、さまざまな面で母親としての能力を強化し、はつらつと充実している人もいます。研究結果からは、母親の満足度が子どもの健全な発達を決める主要な条件の一つであることが判明しています。

　ふさぎこんでむっつりとしたまま「義務感」だけで家にとどまっているのでは、子育てには何のプラスにもなりません。また、よちよち歩きの赤ん坊やそれ以上の月齢の幼児にとって、質の高い育児が成長発達を促すことを示唆《しさ》する調査結果も出ています。

　最大の心配は、分離を許容することがもっともむずかしい生後一歳までの間に、長時間、子どもが母親と離れることです。一日に一〇～一二時間、留守にしている母親は、赤ん坊に波長を合わせ、欲求を的確に汲《く》み取るのに苦労するでしょう。

　母親が子どものそばに最低何時間いればいいかという問題は（個人差がありますから）別として、重要なのは量より質です。子どもが親と強力な絆《きずな》を築き、愛されていると感じていれば、驚くほど長時間に及ぶ親の不在も許容されます。その実例を私は目の当たりにしてきました。

　親の長時間の不在には何の代償もともなわないとは言いませんが、母親がほぼ一日中家にいても代償を払わされている大勢の子どもたちに比べれば、まだ影響は小さいようです。死別という永遠の分離はまた別の問題であり、影響の現れかたも異なります。

もちろん、子どもの年齢も重要なファクターです。年齢が上がるほど、母親の不在を許容できるようになります。早いうちに十分な養育を受けていれば、愛情あふれる母親のイメージを内面化しやすくなり、自我意識は順調に発達します。

残念ながら、マザリング不足の子どもの場合は絆が脆《もろ》いだけに、母親が物理的に存在することの必要性は概して大きくなります。

◆心ここにあらずの母親の場合

医学博士ダニエル・スターンは、母子関係の本を何冊か書いていますが、その中で、赤ん坊が母親の意識エネルギーの在・不在をきわめて敏感に察知していることを指摘しています。母親は赤ん坊の世界の中心です。その母親の感情世界を赤ん坊は熱心に感じとろうとするのです。母親の心がしっかりそこに存在していると感じられない場合、赤ん坊は不安になります。

スターンはそういう状況に置かれた赤ん坊について書いています。

「(赤ちゃんには)心ここにあらずの状態にいるお母さんの、つかみどころのない混乱した感じをとらえることしかできません。しかも、お母さんがさまよっているところは、ジョーイ(訳注：赤ちゃんの名)が行きたくないところなのです。お母さんに自分を一体化するうちに、彼はお母さんの精神的な重苦しさが自分の中にしのびこんでくるように感じます」(『もし、赤ちゃんが日記を書いたら』亀井よし子訳　草思社)

要するに、母親がぼんやりと気の抜けた人であれば、赤ん坊もそれにつられて感情に乏しい活気のない心的状態になるのです。

いみじくも、ある女性は子どものころの自分をこんなふうに表現しました。

「ママがいると、しゃきっとしていられるのに、ママがいなくなると、自分もどこかへ行ってしまう。自分自身と音信不通になるんです」

つまり、この世に自分をつなぎとめてくれるはずの母親を失うと、子どもは自分の存在を実感することがよりむずかしくなるわけです。ときには、母親が「いなくなった」のは「自分が重荷だからだ」と考え、罪悪感《ざいあくかん》を抱くこともあります。

研究者たちは、心が不在の母親を持つ乳幼児の反応には二つのパターンがあることを確認しています。一つ目のパターンは母親を拒絶することです。接触を避けて、よりマシな状態を維持しようとします。感情表現の乏しい母親のもとでは、赤ん坊は当然ながら、自恃《じじ》型の愛着スタイルを示すようになります。

二つ目は、スターンの言葉を借りれば、「母親の関心を自分に惹《ひ》きつけ、それを持続させるために、たいへんな努力をすることを学習します。つまり、お母さんにとっての抗うつ剤の役割をはたし、お母さんを自分に反応させようとする」ことです。赤ちゃんなのに、なんと過酷《かこく》な仕事でしょう！

どうやら選択肢は、ママを追いかけて感情のないブラックホールに入りこむか、ブラックホールを避けるために、ある程度つながりを断つか、それともママを救いだす側に回るか、のいずれかのようです。あなたの母親が精神的に不在だったとしたら、自分にはどのパターンが当てはまるか考えてみてください（タイミングが異なるだけで、いずれのパターンも該当するかもしれません）。

感情のない母親を前にした子どものこうした混乱ぶりは、「スティルフェイス」と呼ばれる実験でも証明されています。母親が突然、顔からいっさいの表情を消して、筋一つ動かさずに赤ん坊と相対したとき、どうなるかを調べるのです。

たった三分間の実験ですが、母親から無表情な顔を向けられた赤ん坊の行動パターンは一貫しています。何度も母親の反応を引きだそうとしたあと、暗い表情になり、顔をそむけ、最後は諦《あきら》めてしまいます。これだけのことがたった三分のうちに起こるのです。

研究者たちによれば、赤ん坊はこのように自己防衛的な状態に陥《おちい》ったあと、指しゃぶりなど、自分で自分をなだめる行動をとるようになります。これと同じパターンは入院生活の長い赤ん坊にも見られます。赤ん坊には、母親の情緒たっぷりの働きかけから得られる刺激が必要なのです。

愛着の安定している赤ん坊は、このスティルフェイスの実験が終わると、母親とのつながりを取り戻し、元どおりの親密な心の交流を始めます。けれども、母親がたびたび心ここにあらずの状態で、ぼんやりと無表情だったら、赤ん坊はどうなるでしょうか。あるいは、それとはまた別のトラウマ——病気によるもの、身体的・性的虐待《ぎゃくたい》によるものなど——を経験し、感情をシャットダウンすることを覚えている赤ん坊だとしたら、そう簡単に心の交流を取り戻せるでしょうか？

心理療法士のスー・ガーハートは、研究結果を引用しながら、こう結論づけています。「赤ん坊にとって何よりもつらい経験は、母親の関心を引くことができないことのようだ」しかもこのことは虐待よりさらにつらいようです。何といっても母親は子どもにとって外界との接点です。母親が第一の養育者であるならば、赤ん坊にとって母親こそが、自分の欲求を満たしてくれる一番の頼みの綱なのです。

心が不在の母親によく見られるパターンの一つとして、うつがあります。うつの母親はわが子とのかかわりあいが少ないことがわかっていますが、そういう母親を持つ赤ん坊はポジティブな感情を表しにくく、よちよち歩きのころには不安定な愛着を示し、また、認知的課題での成績も劣《おと》ります（脳は主として社会的な相互作用によって活性化し発達するからです）。

ストレスのために赤ん坊の消化器と自律神経は過敏になり、ほかの大人が働きかけても、かかわりを持てなかったり、嫌がったりするようにもなります。そういう子どもはスキンシップが苦手な大人になる場合が多く、赤ん坊のころに欠けていたものを満たすための方法を学び直す必要が出てきます。

うつの母親の表情はスティルフェイスの実験に似ています。顔の表情などの非言語的シグナルがまったくないと、子どもは支えと方向指示を失った状態になります。一方、ほほ笑みのような素朴な（本心からの）感情表出でさえ、最初の一歩を踏みだそうという子どもにとっては心強い味方です。ほほ笑み一つで、子どもは母親がそこにいることに安心し、自分は受け入れられていると感じ、心を通わせます。

では、それ以外にどんな方法で幼い子どもは母親が元気でいることを確認するのでしょうか。驚いた顔や「だめだよ」という不承認を表す顔も、子どもが環境に適応するうえで助けになります。母親の反応は、子どもが外界を探索するのに必要なナビゲーションなのです。

情緒不在の母親は〈グッドマザー〉の機能の多くを果たせません。中でも一番の問題は、子どもと通わせるべき心を持たないことです。絆をまったく結ばないのです。別のタイプの母親の中には、導き、励まし、保護など、さまざまな〈グッドマザー〉の役割の一部については不十分でも、子どもとある種のつながりを持つ人がいます。

たとえば精神的に不安定な母親は、子どもの欲求よりも自分の欲求優先の絆を持つでしょう。支配型の母親も絆を結ぶには結びますが、同時に過干渉にもなりがちです。

◆顔のそむけあい

私は、母親が子どもとつねに向きあおうとしているのに、子どものほうはそっぽを向いている（その多くはもう成人していますが）という事例に出会ったことがありません。愛着の調査でも、子どもが母親とつながりたいという本能的な衝動に逆《さか》らうのは、肝心な場面でくり返し母親の不在を感じた結果であることが報告されています。

私も基本的には、母親に失望して傷ついた子どもが、自分を守るためにそっぽを向くのだと考えています。相手にアプローチしてまたふられるのではつらすぎる、だから心を閉ざすのです。

母親といえども完璧な人間ではありません。だから、子どもに必要とされていない、拒《こば》まれているのではないかと感じたり、不安を抱いたりすれば、つい反応してしまいます。傷つくのが嫌で、やはり顔をそむけるのです。

こうして母と子は、たがいにそっぽを向いて拒絶しあうという鏡映しの状態に陥ります。相手が壁を築くと、こちらも壁を築き、かかわりあいを持たなくなるのです。子ども（あるいは成人した子ども）が自分を捻《ね》じ曲げてまで母親に振り向いてもらおうとする場合は別として、母子ともに相手に心を閉ざすようになります。

母親は赤ん坊にとって初恋の相手であり、乳幼児が抱える欲求はとても切実なものですから、子どもが母親の愛を勝ち取りたいという思いを断ち切るのはとてもつらいことです。それでも、自恃型の愛着スタイルでお話ししたとおり、母親の反応が乏しければ乏しいほど、子どもは生後早い段階から諦めるようになります。

私の地元の新聞は、一年にわたって、ある一〇代の少女の事件を特集しました。少女はボーイフレンドといっしょに自分の母親の殺人を企《くわだ》て、その計画をボーイフレンドが実行したのです。二人とも犯行を後悔するでもなく、感情を高ぶらせるでもなく、深刻な反社会的人格の兆候を示していました。

自分の母親にそこまで冷淡になれる少女がいるかと思うと、私はいたたまれない気分になりましたが、マザリング不足の子どもの多く（ほとんどとは言いませんが）はじつは激しい怒りを抱いているのです。

この少女は、暴力的でアルコール依存症の母親から何年も虐待されていました。心理学者は、ひどいネグレクトや暴言、ときには身体的な暴力を受けていた少女が、それらに対処するために感情のスイッチを切ったのだと証言しています。

複数の鑑定人によれば、少女の精神年齢は八歳児のままでした。かつて伯母の温《あたた》かい家庭で暮らしていたころの少女は、「すくすくと成長していた」そうです。この事件は、堕落した母親との有害な関係が悲劇的な破局をもたらしうることを示しています。母と子が、感情の麻痺《まひ》と感情の爆発的表出という防衛反応を合わせ鏡のように映しだすとき、通いあうはずのふつうの愛情はゆがめられていくのです。

ありがたいことに、たいていはこれほど極端な事態には発展しませんが、それでも母子間の鏡映しは顕著です。私はセラピーで何組もの母親と成人した子どもを見てきました。母親が義務感から子育てをしていた場合、子どもも同じように義務感から老いた母親の世話をするようになります。

母子の間でくり広げられる、こうした心理ダンスは、どちらかが自分の感情にもっと素直になり、癒されたとき、変貌を遂げます。その様子を私は目の当たりにしてきました。しかも母子のダンスをリードすることになるのは、何年にもわたる癒しのプロセスを経てきた子どもの側というケースが大半を占めています。

その一方でこんなケースもあります。ある女性は、母親が夫の死と重度のうつ病を経て、どん底から這《は》いあがってきてから、母子関係が変わったと話してくれました。それまで感情表現の乏しかった母親が、自分の弱さや正直な感情を表に出すようになってから、娘との関係が変容したのです。

◆母親が不在になる30の理由

① 母親が誰かの死を経験し、深い悲しみに沈んでいた
② 面倒を見なければならない子どもが多すぎた
③ 母親が精神的な病《やまい》を患《わずら》っていた
④ 母親が入院していた
⑤ 赤ん坊が入院していた

⑥赤ん坊が何らかの事情で母親から離れていた（戦争、自然災害、経済的困難、投獄など）
⑦母子関係が出だしでつまずいて、絆をはぐくむことができなかった。母親が育児を苦労と感じ、そのことで心に葛藤《かっとう》や罪悪感を持つようになった
⑧母親が自己愛の傷を抱えていて（自分を愛せないこと）、自分の欲求にとらわれていたため、子どもと向きあう余裕がなかった
⑨母親が子どもとどう接したらいいかがわからず、うしろめたさと力不足から赤ん坊と接するのを避けた
⑩母親が他の誰かの世話で忙しかった（親や夫の介護・看病）
⑪母親が雑用に追われていた（たび重なる引っ越しなど）
⑫母親がアルコールや薬物に溺《おぼ》れていた
⑬母親が家計を支えるために、仕事をかけもちしていた
⑭母親がキャリアウーマンだったので、仕事に全エネルギーを取られていた
⑮母親が学校に通っていた（卒業までとてつもなく長い時間がかかった）
⑯母親が恋愛や性的関係に忙しかった
⑰母親自身が子どもだった
⑱母親が疲れ果てていた。あるいは病気だった
⑲母親がショック状態にあった（トラウマで）
⑳母親が赤ん坊のそばにいたくなかった。あるいは子どもがほしいとさえ思っていなかった
㉑母親が誰かにその役目を奪われ、出る幕がなかった
㉒母親自身が「ロストチャイルド」（訳注：家族の緊張から身を守るために息をひそめ、自分の殻に引きこも

るようになった子ども）で、母親と絆を結べなかったため、やさしく熱心な親がどういうものかわからなかった
㉓母親がうつ状態であり、情緒的、精神的なかかわりを持つことができなかった
㉔母親が愛情を示すことを恐れていた。相手が誰であろうと絆を結ぶことが不安だった
㉕母親がわが子の欲求は満たされていると思っていた。甘やかしてはいけないとまわりから言われていた
㉖母親がパートナーの暴力から自分の身を守るだけで精いっぱいだった
㉗母親が子どものころに負った心の傷から自分を守るために感情を断ち切った
㉘母親は子どものそばにいるつもりでも、何を求められているのかがわからなかった
㉙母親が薬物治療のせいで感情麻痺の状態だった
㉚母親が亡くなった

◆自分のどこかが悪い……愛されるに値しない……

これら30の理由はつまるところ、三つの基本的なメッセージに分けられます。

- 「ママには何かを与えるだけの余裕はないの」
- 「無理を言わないでちょうだい。欲張りな子ね」
- 「おまえなんかどうでもいい」

自分の母親には余裕がないと察知した子どもは、たいていの場合、そんな母親に同情します。ファラという女性はこう語りました。

「母が悩みを抱えていて不幸だということは感じていました。だからなるべく頼らないようにしていたんです」

彼女は、母親のつらそうな状況を感じとって、自分からはあれこれ要求するのを控えていました。興味深いことに、あとになってファラの母親は、「あなたは親離れがずいぶん早かったわよね」と語ったそうです。けれども、心が不在の母親とどうやってつながっていられるでしょうか。

ファラは母親が「私に寄りかからないで」と言っていると感じたそうです。だからそれに従ったまでのことでした。

子どもにとって、母親が誰に対しても愛と関心を持ちあわせていないように感じられる場合は、ある意味、まだましかもしれません。深刻なのは、自分の母親が別の誰かには惜《お》しみなく愛と関心を注ぐように見える場合です。子どもは自分に問題があると考えずにはいられないでしょう。

一方、母親が単に燃料切れを起こしている場合もあります。とかく母親は最初の子の育児には熱心に取り組みますが、三人、四人と子どもが増え、末っ子が生まれるころには、次第にマンネリ化し、手を抜くようになるかもしれません（ましてや九人、一〇人の子だくさんともなればどうでしょうか。大家族の場合、年上の子が弟や妹の世話を引き受け、いわば母親代わりを務めることもよくあります）。もちろん赤ん坊は母親が疲れ切っていることなど知りません。その子にわかるのは、ただ自分のそばに母親がいないということだけです。

かけもちで仕事をこなし、へとへとになって帰宅する母親と、家にいても四六時中、電話で友だちとおしゃべりしたり、笑ったりしている母親とでは、子どもが受け取るメッセージは異なります。後者の場合、「忙しすぎて、おまえにかまっている暇はない。おまえは私にとって重要ではない」と言っているに等しいのです。

母親が出し惜しみをしたり、与えることを苦にしたりする様子を見せると、たいていの子どもは、「悪いのは自分だ。欲張りすぎているのだ」という答えを引きだします。すると、ファラがそうだったように、何かを要求するのを我慢したり、制限したりするような、とても聞き分けのいい子どもも出てくるのです。

ママはやろうと思えばもっとできるはずのことをやろうとしない、という印象を受けた子どもは、たいていの場合、自分は大切に思われていないと結論づけ、自分のどこかが悪いのだ、愛されるに値しない子なのだ、という痛々しい思いを強めることになります。

▼子どものころ、母親を頼りにできないことをどう感じていましたか。

▼今、客観的に振り返ってみて、その思いに変化はありますか。

◆父親が不在の場合

残念ながら、あまり適任とはいえない母親が家庭内で唯一の養育者であったり、常時、家にいるのはそういう母親だけだったりする場合があります。

父親（もしくは第二の母親役）の不在は、マザリング不足の子どもをさらに不利な状況に追いこみます。他に頼りにできそうな人がいないのですから、母親との脆い絆が切れないようにすることが、その子にとって死活問題になるのです。

一般に、父親には、子どもを母親から引き離す役目があると言われています。母親は雛鳥《ひなどり》の巣であり、自他を分化してとらえることのできない時期の子どもにとっては、いわば一心同体の関係です。

一方、父親は子どもにとって、母親とは別の世界であり、さらに大きな世界への橋渡し役でもあります。母子関係が満足なものであってもなくても、養育者が母親しかいないという場合、子どもにとって、その母親の軌道の外へ世界を広げることは、よりむずかしくなるでしょう。

●三人の母親、三つのメッセージ

母親のタイプが子どもの経験にいかに大きく作用するかをわかっていただくために、三つのタイプの母親「怒りっぽいお母さん」「心がうつろなお母さん」「理想のお母さん（グッドマザー）」で試してみましょう。まずは心の中に三人の母親を登場させてください。次の説明がヒントになると思います。

誰しも怒りっぽい人に出会ったことがあるでしょうから、最初の「怒りっぽいお母さん」を思い浮かべるのはむずかしくないと思います。口やかましく、かっとなりやすく、手厳しい人はどこにでもいるものです。

次の「心がうつろなお母さん」ですが、自分の母親がそうだったという人は自分の母親を思い浮かべ、そうでない人は目いっぱい想像力を働かせてみてください。

最後の「理想のお母さん」については、これまでに人生で出会った母性愛たっぷりの人物の中から、これはという人を思い浮かべてください。そういう人に実際、出会ったことがない場合は、映画の中の登場人物でもかまいません。

このエクササイズは「誘導イメージ法」によって実践すると最大の効果が期待できます。そのためにはまずリラックスしなければなりません。誰かに指示文を読みあげてもらうと、より深くイメージの世界に入っていくことができるでしょう。

あるいは、自分で録音したものを再生させながらでもいいと思います。よりスムーズにリラックスした意識状態へ移行できる方法を選んでください。少数派ですが、自分で指示文を読み、目を閉じるだけで、すぐにイメージを膨《ふく》らませられるという人もいます。

エクササイズを進めていくと、ある種の強い感情が湧きあがってくるでしょう。あとでその感情の意味を振り返る時間を設《もう》けてもいいと思います。また、エクササイズを中断しなくてすむように、電話の回線は切り、最低三〇分間は呼びだしに応じられないことを周囲の人に伝えておくといいでしょう。

それぞれの質問のあとには十分な間を置き、湧きあがってくる感情をじっくり味わえるようにしてください。怒りっぽい母親からはじめて、三タイプの母親を三つの異なる年齢の視点から想像してみましょう。

＊

くつろげる姿勢を取りましょう。横になってもかまいません。二、三回深呼吸をくり返します。息を吐くたび緊張がほぐれていくのを感じてください。ゆっくり時間をかけて気持ちを落ち着かせながら、このリラックスしていく感じを楽しみましょう。もし目を閉じたほうが気持ちよければ、軽く目を閉じましょう。

これは何もする必要のないエクササイズです。ゆったりくつろいで、感情やイメージや感覚が湧くままに任せましょう。そしてさらに深い、深いリラックス状態へと入っていきましょう。

それでは、最初に登場するのは怒りっぽいお母さんです。このお母さんに対して、どんな感情やイメージが湧いてくるか、意識を集中させてください。彼女のエネルギーを感じてください。

今、あなたは日当たりのいい子ども部屋で毛布の上に横たわっています。生後六ヵ月くらいです。どこからか鳥のさえずりが聞こえてきます。壁や毛布の色は何色ですか？　部屋の温度はどれくらいですか？　お母さんがミルクを持ってやってきました。彼女が近づいてくると何を感じますか。お母さんはどんな声で、どんなふうに動いていますか。あなたはお母さんに抱きあげられるとどんな感じがしますか。お母さんはどんなふうにあなたに接していますか。あなたの身体にどんな変化が起きましたか。呼吸はどうなりましたか。

（ここで十分に間を置いてください）

次に、四歳から六歳のいずれかの時点に移りましょう。あなたは自宅で遊んでいるところです。今、何をしていますか。お母さんはどうしていますか。あなたといっしょに遊んでいますか。お母さんの声、動き、顔の表情に意識を集中させてください。そこにお母さんがいるとどんな気持ちがしますか。自分の身体に何か変化は起きましたか。今、この瞬間の自分の内面を注意深く見つめてください。どんな考え、イメージ、感覚が湧いてきますか。どんな感情に気づきますか。

（ここで十分に間を置いてください）

次に、八歳から一〇歳のいずれかの時点に移ります。あなたはお母さんからあまり離れないようにしています。何をしているところですか。お母さんとはどれくらい離れていますか。そこにお母さんがいるとどんな気持ちがしますか。身体で何か感じることはありますか。

では現在に戻りましょう。ここまで経験したことを忘れないように、簡単に書き留めてください。

次に、心がうつろなお母さんとのシーンを想像してみましょう。自分が何を感じるか、意識を集中させてください。

まず生後六ヵ月の自分を想像しましょう。日当たりのよい部屋に寝かされています。お母さんがミルクを持ってやってきました。お母さんがあなたに接してくるとき、どんなことが起きるかに注目しましょう。とくにあなたの身体や心にはどんな変化が起きるでしょうか。お母さんといっしょにいるとどんな感じがしますか。

（ここで十分に間を置いてください）

次に、四歳から六歳のいずれかの時点に移りましょう。あなたは自宅で遊んでいるところです。今、何をしていますか。お母さんはどうしていますか。あなたといっしょに遊んでいますか。お母さんの声、動き、顔の表情に意識を集中させてください。そこにお母さんがいるとどんな気持ちがしますか。自分の身体に何か変化は起きましたか。今、この瞬間の自分の内面を注意深く見つめてください。

（ここで十分に間を置いてください）

次に、八歳から一〇歳のいずれかの時点に移ります。あなたはお母さんからあまり離れないようにしています。何をしているところですか。お母さんはどれくらい離れていますか。そこにお母さんがいるとどんな気持ちがしますか。身体で何か感じることはありますか。

（ここで十分に間を置いてください）

では現在に戻りましょう。ここまで経験したことを忘れないように、簡単に書き留めてください。

最後は理想のお母さんの登場です。あなたは子ども部屋にいます。こちらに近づいてくるお母さんの声がします。どんな声ですか。お母さんはどんなふうにあなたを見つめ、どんな表情をしていますか。手を伸ばしてあなたに触れるお母さんの動きに注目してください。それはどんな触れかたですか。あなたはどんな気持ちになりますか。どんな感覚が湧いてきますか。

（ここで十分に間を置いてください）

次に四歳から六歳までのいずれかの時点へ移りましょう。あなたは自宅で遊んでいます。家の中でも、外でも好きな場所でかまいません。お母さんがそばにいます。あなたが遊んでほしいとき、声をかければすぐに届く距離です。お母さんはどんなふうにあなたと遊びますか。どんな声、動き、表情をしていますか。お母さんが遊んでくれると、どんな気持ちになりますか。どんな感覚が湧いてきますか。自分の内面を注意深く観察してください。

（ここで十分に間を置いてください）

次に八歳から一〇歳のいずれかの時点へ移りましょう。あなたはどこで何をしていますか。そう遠くないところにはお母さんがいます。そこにお母さんがいると何を感じますか。どんな感覚がしますか。

では現在へ戻りましょう。経験したことを忘れないように、簡単に書き留めてください。

このエクササイズでどんなことに気づきましたか。それぞれのお母さんがそばにいるとき、何を感じましたか。

怒りっぽい母親（母親に限らず、怒りっぽい人全般）のそばにいると、筋肉が固まり、息が詰まり、自然にふるまえなくなります。何をしても叱《しか》られそうな気がして怖いのです。まさに「薄氷を踏む思い」とはこのことです。そばにいたくないとさえ感じるかもしれません。

一方、相手がやさしい母親であれば、いっしょにいたくなるでしょう。そういう人はこちらのやさしい部分を引きだしてくれるので、自然に笑みがこぼれ、幸せな気持ちになります。また、少しばかり羽目をはずしても大丈夫だ、新しいことに挑戦してみよう、という安心感を与えてもくれます。

心がうつろな母親がそばにいると、こちらも同じようになるかもしれません。ぼうっとして、とりとめもなく、そこにいっしょに存在している感じがしないのです。このタイプの母親が登場するシーンが一番深刻で孤独に感じたかもしれません。怒りのあまり、何か派手なことをやって母親の関心を引きたくなる人もいます。

母親の心的態度や意識が子どもに多大な影響を及ぼすのは、いったいなぜなのでしょうか。

◆オリジナル・ロス——母子の絆の喪失

エッセイストのジュディス・ボーストは著書『必要な喪失（*Necessary Losses*）』（未邦訳）の中で母子の

絆の喪失《そうしつ》を「オリジナル・ロス」と呼んでいます。これは生まれてはじめて経験する喪失であり、その後の人生で遭遇する数々の喪失をよりリスキーなものにします。

「研究によれば、幼いころに喪失を体験すると、その後の人生で出会う喪失に敏感に反応することが判明している。つまり、中年期に肉親の死、離婚、失業などを経験したとき、重篤《じゅうとく》なうつに陥りやすいのだが、それは、自力ではどうすることもできずに絶望して怒りに震えていた、かつての子どもが反応を起こしているからだ」

ヒーリングワークの中で経験する反応はこればかりではありませんが、ボーストの視点はとても重要です。

また、ボーストはこうも言っています。

「幼いころの母親との別離は脳に傷を残す。人間にとって必要不可欠なつながりを失わせることになるからだ。母と子の絆は、子どもに、自分は愛される価値のある人間だと教えてくれる。人生最初の愛着が確立されないままでいると、その子は、バランスのとれた人間になれないどころか、一人の人間として存在を実感することすらむずかしくなるかもしれない」

ここまで見てきたとおり、心が不在の母親を持つことは、子どもにとって大きな喪失体験です。だからといって、あなたが思うほど状況は絶望的ではありません。

本書の後半では、心が不在の母親によって刻まれた傷を癒すための数々の方法をご紹介します。まずは、マザリング不足のままに育った人たちの体験談に耳を傾けてみましょう。

第6章　母の愛を知らずに育った人たち

◆仮面の女性の素顔

マザリング不足のまま大人になった人たちの経験を分析していると、心が不在の母親の実態や子どもへの影響がいろいろとわかってきます。この章では、当の母親たちや成人した子どもたちに見られる特徴や、子どもたちがどのような苦しみを味わい、どのように克服したか、母子の関係はどうなったか、といった特徴をいくつかお話ししようと思います。

ここに話すことの大半は、マザリング不足のまま成人した人たちとの正式な面接で私が得た情報をもとにしています。面接を通じて複数の人たちに同じ疑問を投げかけ、私の考えを検証することもできました。

ある年代以上の方なら「ローン・レンジャー」というテレビ番組（訳注：アメリカの西部劇）をご存じかもしれません。毎回、物語の最後で誰かが「あのマスクの人物は誰だ？」と尋《たず》ねるシーンがあります。主人公は、マスクをつけた紋切り型のヒーローで、素顔は絶対にさらしませんでした。

マザリング不足の子どもにとっての母親も似たようなものです。寝室にこもって姿を見せない母親、無表情な顔の裏に素顔を隠したままの母親、あるいは「素顔になった」とたんに、どこかへ行ってしまう母親。極端なケースでは、まるでボール紙でできた薄っぺらな人形ほどの存在感しか持たない母親もいます。

こういう母親のもとで育った人が心の傷を癒《いや》すには、母親の仮面をはがして素顔を明らかにすること、そして、何が原因でそういう人間になったのか、どんな感情が隠されていたのかを知る必要があります。

面接で、マザリング不足のまま成人した人たちに母親の生《お》い立ちを尋ねてみると、驚くような共通点が浮かびあがってきました。

その一つは母親たち自身が幼いころマザリング不足だったということです。多くの場合、移民の大家族の出身であり、基本的にロストチャイルドでした。彼女たちもまた親密で温《あたた》かい母子関係を経験しなかったため、良好な母子関係とは何かを知らなかったのです。

二つ目の驚きは、母親たちが癒されないトラウマを抱えていたこと、あるいは、そういう親を持っていたことです。ホロコーストにより心に深い傷を負った人たちもいました。多くは悲劇的な形で家族を失い、苦悩から回復できずにいました。

そうした未回復の状態は母子関係に深刻な影響を及ぼします。研究によれば、母親が子どもとの間に安定した愛着を形成できるかどうかは、トラウマ体験や喪失《そうしつ》体験の有無《うむ》よりも、そうした体験を乗り越えることができるか否《いな》かにかかっているからです。

残念ながら、当の母親たちの多くは、そのことをほとんど理解していないか、回復に必要なサポートを受けていない、というのが実情です。

三つ目の驚きは、母親たちが配偶者から自立していなかったこと、夫婦関係そのものが子育てにとって好ましい状態ではなかったことです。彼女たちは、あれをしろ、これをするなと要求する夫の言いなりでした。おそらく、幼いころに知ることのなかった愛情を手に入れようと必死だったからでしょう。

強烈な母性の育たなかった、あるいは手本にすべき母親像を持たなかった彼女たちは、わが子をどう支え、守ればいいかを知らないようでした。抑圧された敵意であろうと、言葉による暴力であろうと、性的虐待《ぎゃくたい》であろうと、子どもが自分の父親から何らかの危害を加えられているとき、彼女たちの多くはわが子をかばおうとしませんでした。

こうした事情には社会的な要因もかかわっています。とりわけ一九七〇年代以前、女性たちの大半は、母親になる以外の選択肢が存在するとは思いもしませんでした。当時は、本人の生来の向き不向きはどうであれ、女性は結婚して家庭を持つのが当然とされていたのです。その結果、今もそうですが、母親に不向きな女性までが母親になっています。

ある女性の言葉を借りれば、彼女たちは「やる気のない母親たち」なのです。おそらく、キャリアに専念するなり、プロでなくても何かの愛好家になるなりしていたほうが幸せだったでしょう。母親業は彼女たちの「得意分野」ではないのです。

男性はこうした問題から逃れようと思えば逃れられます。私が子どものころは、父親たちは経済的に家族を支えること以外に多くを期待されていませんでした。たとえ父親に不向きだったとしても、そのことが目立って問題になることはありませんでした。そもそも子育てへのかかわりが少なかったからです。

近年は父親の子育て参加が劇的な広がりを見せていますから、今の子どもたち世代の多くは、「自分を育ててくれたのは父親だった。父親が〈グッドマザー〉役を果たしてくれた」と将来、思い返すことになるでしょう。

そうやって若い人たちの抱く父親像が変化していけば、あとになって「あのマスクの人物は誰だった？」などと首をかしげることも少なくなるはずです。時代に関係なく、父親による良好な子育ては、子どもに対して情緒的な働きかけのない母親の穴埋めを果たしてきました。

◆空っぽの戸棚を覗くよう

面接で、マザリング不足の人たちに〈グッドマザー〉の役割リストを見せると、彼らの多くは自分の母親はどれも果たしてくれなかったと答えました。わずかな例外として、母親にある程度、「ほめられた、励まされた、あるいは保護された」という回答がありました。

そのうち、「保護」はもっとも評価することがむずかしい項目でした。回答者たちは「母親に守られていた」とくり返しながらも、具体的な証拠を示すことができなかったのです。たまに具体例を挙げる人もいましたが、日常的に守られていたわけではありません。むしろ父親の虐待から母親が守ってくれなかったという回答がいくつも返ってきました。

一部の母親は、親であれば当然とも言うべき程度の監督責任（ある種の保護）は果たしていました。ところが、驚くほど多くの母親がそれすらも果たしていなかったのです（詳しくは127ページの「誰も見てくれない、誰もかまってくれない」を参照）。

「母親からほめられた、励まされた」と回答した場合でも、手放しで評価できるものではありませんでした。子どもたちは、母親が重視していること（たいていは学校の成績）についてほめられたのであって、その子ども自身が一人の存在として祝福され、称賛されることはめったにありませんでした。

よくあることですが、母親が未熟な場合は、子どもの中にある自分との差異が気になって、それを肯定することができません。そういう母親は、わが子が自分と似たようなことをしたとき、あるいは、子どもとはこうあるべきだという自分の考えに合致したときにはほめますが、その子のユニークな個性を積極的に伸ばそうとはしないのです。

私の面接で「母親から励まされた」と回答した人の場合も、本人が望むような後押しや手助けはありませんでした。

心が不在の母親にはミラーリングがないため、子どもはポジティブな自己像や明確な自我意識を持つことができず、心の奥深くで無力感を抱えることになります。自分は軽くあしらわれている、けなされていると感じていた人もいました。たとえ母親が否定的な言葉を口に出さなくても、子どもをいじけさせるには十分です。

実際、ある女性は、母親から一度も「かわいい」「賢《かしこ》い」「すばらしい」と言われたことがなかったと嘆いていました。子どもにとって母親は重要な鏡ですから、ミラーリング・メッセージの欠如《けつじょ》は、子どもを自己不信に陥《おちい》らせるのです。

そういう母親たちは、感情との向きあいかたを知らず、概して、感情を許容することができませんでした。子どもが涙を見せると、どうしていいかわからないため、ときには「泣くのをやめないと、ほんとにお仕置きするわよ」などと言いだす始末でした。

母親からそこまで露骨な否定がなかった場合でも、感情表現を無視されたことで、悲しみや「弱気」は見せずにおくべきものだと思うようになった人もいます。

心がどこか遠くへ行ってしまったかのような母親が、わが子である自分にもっとも関心を寄せてくれたのは、病気のときだったという回答が一番多く聞かれました。ただし、そんなときでさえ、彼らの多くには母親にふれられた、抱かれたという記憶がありません。せいぜい記憶にあるのは、部屋の入り口で心配そうな顔を見せる母親でした。

私たちが思い描く理想的な養育に比べ、彼らの受けたマザリングはなんとお粗末なものだったでしょう。まるで空っぽの戸棚を覗《のぞ》いているようです。

◆人生の導き手がいない

もう一つ、マザリング不足の人に決定的に欠けていたのは、導き（ガイダンス）でした。〈グッドマザー〉は、子どもの能力を少し上回る課題を克服できるように、その子を導くという役割を担《にな》っています。

ここまではできるが、ここから先は手に余るという見極《みきわ》めがつくように子どもをサポートし、ときには撤退することも教えるのです。

子どもの能力に合わせて課題を調整するわけです。幼いころにこうした導きを受けないと（ほかには学びようがないのですから）、その後の人生で生きづらい思いをすることになります。困難に直面したとき、すぐに諦《あきら》めてしまうか、あるいは、自分自身を守るための算段も心構えもないまま、いきなり飛びこんでいくといったことが起こるのです。

たとえば、子どもがサマーキャンプの荷づくりをするときや、学校の選択科目を決めるとき、無理をしすぎないように子どもをサポートするのが、すぐれた母親です。〈グッドマザー〉は、ニーズと限界（疲労、ストレス、空腹など）を考慮に入れて難易度を調整することを子どもに学ばせるのです。

子どもが自分では手に負えないほどの課題を抱えこみそうになったとき、〈グッドマザー〉なら、「それ、欲張りすぎじゃない？　もう少し減らしたら」と言うでしょう。

ここで私がお話ししている母親は、きめ細かなサポートを行う指導者的役割と、子どもが課題に圧倒されないように気を配《くば》る調整者的役割が一体になった母親像です。

子どものころにこうした養育を十分に受けた人、あるいは、成長して自分の内面に母親を育てることができた人は、「これくらいの歩幅なら大丈夫そうだが、これだと踏みだしすぎだろうか」とみずからに問いかけ、今までより大きく踏みだすためには何が必要なのかがわかるようになります。

ある女性は、自分の母親はサラダのつくりかたやお皿の洗いかたを教えてくれたが、「人生を生きる」のに必要なものは何一つ教えてくれなかった、と語りました。つまり、人とどう会話を交わせばいいか、どうつきあえばいいか、自分の感情とどう向きあえばいいか、といったことです。こうした母親は人生の導き手としての役割を放棄してしまったか、少なくとも、そうした役割に違和感を抱いているようです。

ある男性は、母親はたまに相談に乗ってくれることもあったが、たいていは積極的ではなかったし、なるべく首を突っこみたくないと思っていたようだ、と語りました。子どもたちが困っているとき、彼の母親は自分から両手を広げて迎え入れてくれたことは一度もありませんでした。

本来ならば、歓迎の雰囲気をつくるのは母親側の責任です。子どもの側に、今なら母親に相談しても大丈夫かどうか、顔色をうかがうようなことを期待するのは間違っています。

◆心情的なつながりが持てない

面接では、「あなたの母親に欠けていた性質を一つ挙げるとしたら、それは何ですか」という質問もしてみました。すると、もっとも多かった回答は、「感情的なつながりを持つ能力」でした。つまり、子どもである自分に対して絆《きずな》を結ぶ能力が欠けていたという意味ですが、わが子に限らず、誰に対しても感情的なつながりを持てなかったようだ、という答えもありました。

私が面接した人たちは、子どものころに母親と親密な時間を過ごした記憶がまったくありませんでした。母親に抱っこされた、やさしいまなざしを向けられた、何か重要な出来事を経験した際に心情を受け止めてもらった、という思い出がないのです。

心情を受け止められるというのは、こちらの経験が相手に伝わり、理解されることです。こちらが何を経験し、それがどんな意味を持つかを、相手がわかっている状態です。通常、そのことが確認できるのは、相手が共感的な反応、つまりミラーリングを示したときです。

こちらの経験を完全に理解してもらうことは不可能だとしても、少なくとも相手には理解する努力をしてほしいと思うのが人間です。はなから否定されたり、軽んじられたり、勘違《かんちが》いだと言われれば、当然、孤独を感じるようになります。

キャロルという女性は、六歳のころに、命を落としそうになったときのことを語ってくれました。一瞬、あわやという危険にさらされたあと、無事に切り抜けることができたのですが、その経験を母親は信じようともせず、まるでキャロルが嘘《うそ》をついていると言わんばかりの態度でした。

こうして彼女の母親は娘の人生の一大事を心情的に共有できるチャンスを棒に振ったのです。こんなとき、〈グッドマザー〉なら、「キャロルはなんて賢くて勇敢なんでしょう。無事でいてくれてほんとうによかったわ」というメッセージを伝えられたはずです。そうすればキャロルは、自分は大切にされている、愛されていると感じられたでしょう。ところが幼な心に残されたのは、母親は当てにできないという思いだけでした。

こうした心情的なつながりの希薄な母親は、コミュニケーションが苦手です。キャロルの母親のように、重要なチャンスが巡《めぐ》ってきてもそれを逃してしまうばかりか、子どもの側からのアプローチにも応えられません。

ある女性は一〇代のころに、秘密を打ち明ける手紙を母親の枕の下に置いたことがありました。それをきっかけにコミュニケーションが取れると期待したのです。ところが母親は手紙についてひとこともふれませんでした。

愛情に恵まれて育った人は、子ども時代に一度も母親と親密な思いをしたことや絆を感じたことがなかったという話を聞くと、仰天《ぎょうてん》するかもしれません。けれども私が面接した人々の多くは実際にそうだったのです。

こういう話がなぜ信じがたいかと言えば、私たちの中にある、母親とはこういうものだという共通のイメージとあまりにもかけ離れているからです。

◆機械的な母親の勘違い

心が不在の母親からはさまざまな印象を受けますが、あまり人間味が感じられないというのも、その一つです。ある男性は両親ともに銅像のようで、血の通った生身の人間とは思えなかったと語りました。母親の中に人間の心を見つけられず、存在をリアルに感じられなかったと言った人たちもいます。

アルマという女性は、母親という人間がそこにいたことは覚えていますが、かかわりあいを持った記憶がいっさいありませんでした。母親にとって自分は人間ではない、まるで存在していないかのようだった、と言います。母親のそばよりも、裏庭のツリーハウスにいるときのほうがくつろげたのだそうです。

現実感をともなうかかわりかたのできない母親のもとでは、こういうことが起きるのでしょう。そういう母親の多くは目の前の世界ではなく、自分だけの世界に生きています。常時、その状態ではなかったとしても、数年は続いたでしょう。おそらく未回復のトラウマや悲しみ、抑うつを抱えていたからだと思います。

母親の心が不在であれば、当然、わが子の欲求に波長を合わせることは不可能です。ここでいう欲求とは、その子どもならではの欲求と、子ども全体に共通する欲求の両方を意味します。

本来の子どもらしさは、すでにリストアップしたとおり、未発達で未熟であること、能力が限られていること、誰かに依存していること、十分な愛情や支え、保護、指導、助言などを必要とすること、などです。

面接でわかったのは、人間味に欠ける機械的な母親は、子どもの経験的な世界をまったく感じることができないということでした。そういう親たち（両親ともに人間味に欠ける場合が多かったのです）は、わが子が子どもらしくしているよりも、小さな大人のように振る舞うことを好みました。

子どもは叫んだり、はしゃいだり、散らかしたりすることを許されず、かまってほしくて甘えると、かなりの確率で拒絶されていたのです。

どんな母親でもときには目に見えて不調をきたすことはあります。それよりもむしろ悲惨なのは、一見、理想的な母親に見えながらそうではない場合、つまり、母親の重要な役目だと思いこんでいる外面的な機能は果たしますが、子どもには、心のこもっていないことがすっかりお見通し、という場合です。

その種の母親は自分ではマザリングをみごとにこなしているとさえ思っています。子どもに衣服を着せ、教育を受けさせ、家族のトラブルを視界から追いだしておきさえすればいいと思っているだけなのですから、なんという勘違いでしょう！

円満な家族の幻想を保ちつづけようという重圧が存在する家庭もあります。たとえば、ある事例では、父親がしょっちゅう子どもたちに「おまえたちの母親はどんなにすばらしいか」と力説していました。ちなみにその母親は四六時中、寝室にこもりきりで、重要な年中行事のときだけ円満な家庭を演じるためにしぶしぶ姿を現すような人でした。

そういう母親を持った子どもは、自分は愛されていると頭で信じようとしますが、心ではそう感じられません。とくに、母親がたまにＰＴＡの会合に出たり、誕生パーティーを開いたりして、いかにも子どものために努力しているように見える場合は、紛《まぎ》らわしいので厄介《やっかい》です。

子どもは親以外に頼れる人がいないので、自分が愛されていないという感情を、しばしば意識の外へ追いだしてしまいます。そして、大人になってからセラピーを受けたり、自尊心の低さに悩んだり、人間関係でもめたりしたときに、抑えていた感情がいっきに噴出してくるのです。

面接した人たちの母親の中には、例外的とはいえ、のちのちわが子と絆を結べるようになった人もいます。ある母親は（中年になった）娘にはじめて「愛している」と伝えました。新聞の人生相談を読んで、母親からわが子に伝えるべきことだと知ったのです。

心ここにあらずの母親は、当然ながら、子どもにあまりふれようとしません。そのため、子どもは接触に対する強い飢餓感《きがかん》を持つようになるか、逆に恐怖心を持つようになります。ある女性は人に自然に触れることができなくて、その方法を学ばなければなりませんでした。

こうした母と子が自然にふれあえるようになるのは、母親が年老いてからであり、子どもの側が癒しのプロセスを経て、わだかまりを解いたときです。たまに母親の側から手を差しのべる場合もあります。夫を亡くして孤独になり、支えが必要になったときがそうです。機械のようだった母親が人間の心を取り戻すのは、たいていは年を重ねてからのことです。

◆誰も見てくれない、誰もかまってくれない

面接で浮かびあがってきた共通点には、親たちの極端な無関心もありました。母親も父親もまるで行方不明なのです。

それは監督責任の著《いちじる》しい欠如となって現れます。面接では、二歳や四歳ですでに外を一人歩きしていたという人たちもいました。親の同伴なしで学校から歩いて帰る、夕方、近所の店から独《ひと》りで帰る、自分の用事は自分ですませるようにと言って送りだされる、といったこともありました。今なら、まったく不適切で危険な放任と見なされるような年齢のときに、そのようなことが行われていたのです。

ある歯科医のところに八歳の子どもが独りで治療を受けにきたことがありました。歯科医がその子の母親に電話をかけると、母親はわが子が粗相《そそう》をして呼びだされたのかと思った、と答えたそうです。その年齢の子どもを独りで歯医者にやることがどんなに不適切か、想像も及ばなかったのです。

無関心な親たちの中には、子どもが何をやっていようとかまわない、あるいは知りたがらないような人もいます。ある思春期の少年が、これからどこへ行って何をしようとしているかを母親に話すと、母親の

返事は「どうでもいいわ」でした。

子どもたちはとくに一〇代になると、親が無関心でいてくれるほうが、いちいち報告せずにすむので好都合だと思いがちですが、それには代償がともないます。子どもや一〇代の若者は、賢明な選択をするだけの判断力が備わっていないことが多いからです。また、行動を制限されずにいることは、誰にもかまわれていないという感情をもたらします。

ボビーという少年は自転車から落ちて、数針も縫うケガをしたとき、母親に当面の間、裏庭以外は外出禁止だと命じられて、内心、うれしかったそうです。はじめて母親に見守られているような感じがしたからでした。

家族間で会話らしい会話を交わさないという家庭もありました。最低限の事務的な連絡はしますが、子どもの活動や交友関係を話題にすることはありませんでした。子どもの話に耳を傾け、彼らの生活をつぶさに追って、その子が直面している浮き沈みや希望や不安を把握《はあく》し、子どもが自信をなくせば励まし、少しでも成功すれば喜ぶ、そういう親とは、なんと対照的でしょう。

こうした放任状態はネグレクトの一つです。食べ物や安全な環境を与えないネグレクトとはタイプが違いますが、ネグレクトに変わりありません。親の無干渉と無関心は子どもの心に深い傷を刻《きざ》みます。家にはおもちゃもなく、子どもに子どもらしい接しかたをせず、他人のように扱う――これらは心に大きな空白を生じさせるのです。

母親が育児に無関心、そのうえ父親もとなると、子どもだけで暮らしているようなものです。

▼あなたの母親は、あなたの生活のどんな部分に関心を持っていましたか。どんな部分に無関心でしたか。

▼あなたの父親（家庭にいた場合）は、あなたの生活への関心という点で、母親と同じようでしたか。それとも別のパターンを示しましたか。

◆何もわかっていない

心が不在の母親たちは、苦しんでいるわが子（幼いころであれ、成長してからであれ）に対して母親として果たせたかもしれない役割について、あまりにも無知であり、思慮《しりょ》に欠けていることもわかりました。

ある中年女性は、最近になって、子どものころどんなにつらい思いをしていたかを母親に打ち明けました。すると母親から返ってきたのは、「そうと知っていれば、医者に連れていったのに」でした。これは、多少の弁解や気づかいが入り混じった返事とも受け取れるかもしれません。

心の病《やまい》といえばすぐに専門家を頼ろうとするアメリカ社会の風潮を反映しているのもたしかです。けれども、この母親の返答には、おそらくもっとも必要とされていたであろうものへの認識が決定的に欠けていました。

〈グッドマザー〉として果たすべき役割、つまり愛情の表現です。こういう母親は、自分の頭ではわが子を愛しているつもりなので、その事実に気づかないのでしょう。子どもの心にしっかり届くような愛情表現のしかたを知らないのです。

◆どこにも頼れない

生きていれば、ときには悪いことが起きるのは当たり前です。とはいえ、この世を居心地よくするためには、どこかに自分を助けてくれる人がいるという確信が必要です。絶体絶命のピンチのときには、わずかながらでも親切を期待できると信じたいのです。

子どもは、本来、誰かに頼らなければ生きていけないのですから、もしものときに頼りになる人、安心できる人、力になってくれる人の存在は欠かせません。

第2章の「本拠地としての母親」（57ページ）で、母親は、私たちがいつでも庇護《ひご》や助けや慰《なぐさ》めを期待できるホームベースである、という話をしました。マザリング不足の子どもの母親は、明らかにそうではありません。私が面接した人たちは、母親に助けを求めても満足のいく対応を受けたことは一度もありませんでした。幼くして諦めてしまった人がほとんどです。

ある男性は、母親に何かを頼むたびに「それは何のために必要なの？」と聞き返されたそうです。こういう母親を持った子どもは、助けを求めるのは迷惑なことだと感じるようになります。母親が嫌がっているのを察知するのです。

成長した子どもからはっきりと助けを求められても、母親がそれにすらまともに応えられないという悲惨なパターンもあります。私が面接したマザリング不足の人々の多くは、大人になってまもなく精神的な病を患《わずら》い、助けを必要とした時期がありました。

ナオミという女性は、ちょうど母親のもとを訪ねていたとき、精神科の主治医から電話を受けました。話を終えた彼女が、母親に「私、ものすごく落ちこんでいるの。お願い、助けて」と訴えると、母親は「まあ、何を言うの。熱いお風呂に入れれば治《なお》るわよ」と言って取りあいませんでした。そうかと思えば、二二歳の息子から精神科に通っていると打ち明けられて、ひとことも発しないで部屋を出ていった母親もいます。

若くして夫が入院し、生活がすっかり不安定になったマーガレットは、ストレスに耐えきれず、両親に同居させてほしいと頼みこみました。ところが両親は彼女の懇願《こんがん》を受け入れず、結果として、両者の間に長年の溝が生まれることになりました。その一件以来、マーガレットは両親には二度と頼るまいと決心したのです。

残念ながら、このように子どもの悩み苦しみを矮小化《わいしょうか》する母親がいることはたしかです。現に目の前で起きている問題を直視しようとしない母親も、子どもが悩むことを恥《は》じたり責めたりする母親もいます。あるいは、次にお話しするように、子どもが相談しなければしないで、いきり立つ母親も。

一五歳のシャロンの母親は、娘が内緒で中絶手術を受けたと知って詰め寄りました。おそらく母親は侮《ぶ》辱《じょく》されたように感じて傷ついたのでしょう。ものすごい怒りようでした。けれども、その態度からは娘をいたわる気持ちは伝わってきませんでした。

見るからに、娘が相談しなかったことに憤《いきどお》るばかりで、どういう経緯でなぜそういうことになったのか、なぜ娘が打ち明けてくれなかったのかは尋ねようとしないのです。シャロンにとって母親は最後の心の支えになるどころか、苦痛の種でしかありませんでした。

「困ったときは母親を頼ればいいのだ」という子どもの安心感の土台は、早い時期に形成されます。一方、「母親は頼りにされたくないのだ。母親には自分につきあうほどの時間とエネルギーがないのだ。母親は助けにはならない」という感覚が芽生えるのもちょうど同じ時期です。

子どもが思春期を迎えるころになって、深刻なストレスを抱えているからといって、親が急に手を差し伸べても、たいていはほとんど力になれません。手遅れです。

▼あなたは、大きな問題に直面したとき、母親に助けを求めましたか。母親はどのように応じてくれましたか。そのことが母親との関係にどんな影響を与えましたか。

▼今も母親に助けを求めようと思いますか（存命の場合）。そうでないとしたら、なぜですか。

本拠地になれない、つまり、頼りになる安全地帯を提供できない母親に育てられた人は、母のいない子のように感じる傾向があります。

◆「愛されたくて死にそうです」

マザリング不足の人の多くは、内心、自分には母親がいないかのように感じています。もちろん実際には母親はいるのですから、事態は複雑です。母親がいないという感覚と、周囲からは母親と見なされている誰かがそこにいるという現実、この二つの折りあいをつけることが、マザリング不足のまま大人になった人たちが直面する課題の一つです。

母がいないという感覚を素直に認めなければ、自分の中の子どもはいつまでも見捨てられたままで救われません。その感覚にどう応えていくかを学ぶことこそが、癒しにつながるのです。

これは「孤児コンプレックス」や「孤児の元型」などとも呼ばれています。自分には親がいない、愛されていないという感覚は、あまりにもつらいために、多くの場合は心の奥深くに封じこめられています。親もなく愛もない状態は子どもの生存を脅《おびや》かすからです。

長年、封じこめてきた感覚を解き放ったときのことをこう表現した人がいます。「愛されたくて死にそうです」

ユング派の精神分析家ローズ・エミリー・ローゼンバーグは、孤児の元型に関する著書の中で、自分には価値がないという強い気持ちと支えを切望する気持ちをこう指摘しています。

「孤児は自分を『傷ついた人間』だと思い、誰でもいいから助けてほしいと感じている」

ローゼンバーグは、このタイプの人が母親的な保護と安全を象徴するものや人に手当たり次第に依存し、しがみつくパターンについても述べています。

その一つが愛情への飢餓感として現れる場合です。愛を求める気持ちがあまりにも強すぎると、たとえ相手から虐待を受けようと、満足できない関係であろうと、その人と別れることができなくなります。きちんと愛されるのはどういうことかを示す判断基準を自分の中に持たないため、「まったく愛されないよりもましだ」と思ってしまうのです。

その一方で、心の奥深くにある傷を掘り起こすより、愛情を知らないままでいるほうが楽だ（そのほうが慣れている）と思う人もいます。

愛されたい、かまわれたいという思いはパートナーとの関係に限ったものではありません。自分に少しでも関心を寄せてくれる人がいると、心理的にそっぽを向けなくなる、という微妙な現れかたをする場合もあります。

私も長年そうでした。誰かに親切にされるたびに、その人に対して義理があるように感じたものです。その後、ゆっくりとですが、人への気づかいはそれほど珍しいものではないこと、どんな人間関係でも、終わりにしたければそうすればいいのだということに気づきました。一度親切にされたからといって、一生の義理はないのです。

心に飢餓感を持つ人は食べ物に固執する場合もあります。感情的な栄養不足をお腹で補おうとするのです。その方法ではいつまでたっても心が満たされることはないでしょう。

心のむなしさを満たしたいときやストレスを感じたとき、食べ物に走る傾向を自覚している、というある女性は、現代社会に蔓延《まんえん》する肥満傾向の裏には、その種の飢餓感《きがかん》があるのではないかと示唆《しさ》しました。マザリング不足のまま育った人たちの多くは摂食障害や過食を経験しています。

あなたにもこの問題が当てはまるかどうか、次の質問で確かめてみましょう。

▼自分を「母のない子」のように感じたことはありますか。

▼愛情への飢餓感はどのような形で現れますか。

▼愛情、心の支え、保護への飢餓感を、あなたならどのように隠そうとするでしょうか。

◆母親がいないと自分もいない

母親との関係は子どもの自分自身への見方に大きな影響を及ぼします。親に口やかましく批判されて育った子どもは、その批判を正しいと思いこみ、自己不信や無力感、恥《は》ずかしさにさいなまれます。

一方、親が育児を放棄していたり、感情的なかかわりが希薄だったりした場合、共感や心の支えが不足しているために、子どもの自我は脆《もろ》いままで十分に育つことができません。

この場合は、先に述べたような自尊心の低い人とはまた事情が異なります。自尊心の低い人の場合、不信感や恥ずかしさに潰《つぶ》されそうになっている自分という存在をはっきりと意識しているでしょうが、後者の場合、「自分」というものが不明確であり、完全に形成されていないのです。

ある女性は「自分（me）」という感覚がないのだと嘆きました。また、別の女性は、母親自身が明確な「自分」という意識を持たなかったと言い、「母は私に自我意識を与えてくれるどころか、私から自我意識を奪っていったようなものです」とさえ語りました。

空白は空白を、不在は不在をもたらし、母親がいなければ自分もいない、というわけです。

この問題に明るい面があるとすれば、それは、母親と自分を同一視して親離れできずに一生母親の影を追うようになる人とは違って、母子の絆を持たない人のほうが、適切な心理ワークを経れば、より自由に自分らしい自分をつくりだせるということでしょう。

◆つなぎとめるものがない

自我意識と、自分には母親がいるという感覚は、人生に欠かせない「錨《いかり》」のようなものです。この二つがないと、私たちはこの世のどこにもつながれず、根を下ろすこともできず、迷子のように感じるかもしれません。

命綱を断たれた宇宙飛行士が暗黒の宇宙空間を漂《ただよ》っている様子をイメージする人もいます。あるいは、波間に漂う難破船のがれきのようだと表現する人もいます。この感覚は、努力して状況を変えない限り、たいていはその人に一生つきまとうことになります。

錨がない、つなぎとめるものがないという感覚は、さまざまな問題をもたらします。その一つが、外界との関係と、自分の身体との関係の両方に影響を及ぼすことです。外界との関係に支障をきたした場合、どのコミュニティにも属さず、誰とも絆を結べないまま、ずっと漂って生きているような感じがするかもしれません。

スピリチュアルな世界に強く惹《ひ》かれているという、ある女性は、錨の役目を果たしてくれるはずの母親の愛情を知らずに育ったため、この世に生まれたという感覚すら十分に持てない、と語りました。

自分の肉体からの乖離《かいり》はかなり幼いころに始まります。心が不在の母親に育てられた赤ん坊は、この世につなぎとめられているという感覚を持てず、自分の身体とのつながりも失ってしまいます（すでにお話ししたとおり、母親の心が不在であれば、子どももそれにならって感情や感覚をシャットダウンしてしまうのです）。

自分の身体を意識できなければ、空腹も満腹も感じられません。身体が何を欲し、何を必要としているかがわからないのです。これは摂食障害ばかりか、事故や病気の原因にもなります。

◆マザリング不足の人が直面する15の問題

マザリング不足のまま育った人たちは当然ながら数々の問題に直面します。どれも〈グッドマザー〉的な愛情に恵まれなかったことと密接に関連しています。彼らが抱える問題には次の15の共通点があることに気づきました。

① 自己価値と自尊心に穴があいている

子どものころ自分には価値がないと感じていた。自分は注目されていないという感覚がとくに強かった。感情や経験を共感されることがなく、支援や励ましをめったに受けなかった。愛されているという実感を持てなかった。したがって、大人になってからも自信が持てない。

② 心の支えがなくて不安

愛情あふれる母親像を心の中に育てることができなかったために、自我意識や内面的な支えが欠けている。こうした欠落は前進することに対する不安や困難となって現れることが多い。自恃《じじ》型の人は、自力で道を切り開くことを覚えたため、この欠落を意識していないが、核心を突かれると、防御の壁が決壊して本来の欲求が顕《あら》わになる。

③ 欲求を認められない、欲求を表現できない

概して、「欲求」を汚《きたな》い言葉としてとらえている。なぜなら、マザリング不足の人たちにとって、欲求を満たされなかったつらい記憶や、欲求のために母親から背を向けられたという認識と結びついているから。多くの場合、欲求は恥ずかしいもの、隠すべきものになってしまっている。自分なりに正当な理由が見つけられ、誰かが応えてくれるという期待が持てるとき以外は、進んで欲求を表現することができない。ときには助けを求めることすらできない人もいる。

④ 自分は育ち切れていない、感情的に満たされていないという思い

面接した人たちの多くがこれを最大の課題として挙げた。子どものころに得られなかった愛情をいまだに追い求めているという感覚（１３２ページ「愛されたくて死にそうです」を参照）がある。

⑤ 愛情を受け入れたり、親密な人間関係を築いたりするのが苦手

愛情に飢えていながら、愛情を受け入れることに苦労する。愛されたいという欲求をめぐって強い緊張感があり、心に鎧《よろい》をまとってしまう。誰かと親密になるには、自分の弱さを認めて、欲求や感情をさらけ出さなければならないが、とくに自恃型（回避型）の人はそれができない。

また、マザリング不足の人たちは、親しい人間関係がどういうものかを知る判断基準をあまり持たない。欲求が満たされることへの期待も薄い。母子関係という人生の最初期の人間関係で相手を頼りにできなかったために、誰かが自分の力になってくれるということを信じられない。多くは、自分が愛されるにふさわしくないと（ときには無意識のうちに）感じている。ほんとうに愛される価値があるなら、母親はそばにいてくれたはずだ、という思いがある。

とらわれ型の人は、執着心の強さから相手に逃げられる場合がある。また、自分の求めている愛情を相手が完璧に満たしてくれないと怒りを感じる場合もある。その怒りが相手を遠ざけ、母親の愛情を失ったときの原体験をよみがえらせることになる。

⑥ 孤独、帰属感の欠如

自分は家族の一員ではないという感覚からくる、ある種の異端者的なコンプレックスを持つ。そのため何かの集団やコミュニティの一員になりたいと強く憧《あこが》れる一方で、どこかに所属することに、割り切れない居心地の悪さを感じてしまう。この世に果たして自分の居場所はあるのだろうかと疑問に思っている人が多い。

予定外の妊娠で第一子として生まれたある女性は、つねに両親の邪魔をしているように感じていた。その後、計画妊娠できょうだいが増えてからは、両親とその子たちがつくる集団に自分は決して加われないように感じていた、という。子どものころからの愛されていないという感覚は、慢性的な孤独感の下地となる。

⑦ 感情の処理のしかたがわからない

感情表現が乏《とぼ》しい家庭（あるいは、極端な感情表現しかしない親がいる家庭）で育ち、母親から感情の調節のしかたや、言葉による感情表現の方法を教わらないと、心に隙間ができたまま一生の大半を過ごすことになる。そうやって感情を抑えてきた人々が心の傷を癒すためには、感情を感情として認識できるようになる必要がある。嗜癖《しへき》行動（訳注：好ましくない習慣、たとえば飲酒やギャンブルへの依存）に頼るのではなく、感情の自然な発露とコントロールを学ばなければならない。

⑧ 強い欠乏感

面接した全員が口にしたわけではないが、何人かは欠乏感に苦しんでいると答えた。意識に深く刻まれているため、その欠乏感というレンズを通してしかものごとを見られなくなり、つねにお金が足りない、愛が足りない、喜びが足りないと感じている。

何かを受け取ることに抵抗を覚えることも多く、問題を複雑化させている。母親が心ここにあらずの状態で、感情を出し惜《お》しみする人であった場合、その子の心にも同じフィルターがかかり、与えたり受け取ったりすることが自然にできない。こうして欠乏感という負の遺産を受け継ぐことになる。

⑨　生きづらさ

マザリング不足の人の多くは人生をつらいと感じている。生活に苦労し、人間関係に苦労し、ただ気持ちを明るくするのにさえ苦労している。

⑩　うつ

マザリング不足の人はうつ状態をきっかけにセラピーを開始することがきわめて多い。うつは、喪失感、欠乏感、欲求不満、愛情不足、自尊心の低さ、未解決の苦痛や失望、悲嘆、支えの欠如などと密接な関係がある。

私が面接した人たちにも、うつ病歴は広く観察された。その多くは中学時代や成人早期に患っている。また、きょうだいが自殺未遂者、もしくは自殺者という人の割合が高い。みずから自殺未遂の経験を持つ人も。

⑪　嗜癖行動

アメリカ全体が依存症社会であるだけに、マザリング不足の人たちに依存症が見られるのも特段、不思議なことではない。子どものころに経験した苦痛が未解決のまま放置されていると依存症に陥りやすいとされる。感情や興奮をみずからなだめたり落ち着かせたりする能力の低さともつながりがある。マザリング不足の人にはとくに食べ物関連の依存症が多い。

⑫　無力感

無力感は、ここにリストアップしたさまざまな問題点の当然の帰結であり、とくに最初の三つの問題とのかかわりが深い。つまり、自尊心が極端に低く、内面的な支えを持たず、欲求を表現することに抵抗がある人は、自分には何かを成し遂げる力があると感じられない。さらには、探索行動を始めた時期に母親からの支えや導きがなく、何かを達成してもほめられたことがなかったために、「自分は達成できる」という感覚が深く傷つけられているのかもしれない。

原因はさらに根深い。母親の関心を引いて自分のもとへ呼び寄せることを第一の仕事とする赤ん坊は、母親が泣き声に応えてくれないとき、深い徒労感に包まれる。反応の鈍《にぶ》い母親は、このように、子どもの中に芽生えるべき「自分には環境を動かす力がある」という感覚を大きく阻害することになる。

⑬ 安心できない

マザリング不足の人の多くは、何かあっても自分の力で解決することを迫られてきた人たちであり、安全とは言えない場面にも多々遭遇している。子どものころ母親に守られないと、そのことが脳の神経系に過度の警戒心となって刻みこまれる。不安定型の愛着もまた安心感の欠如につながりうる（愛着は幼い子どもが安心感を得る第一の手段であるため）。やさしくいたわってくれる〈グッドマザー〉像を心の中に持つことができないため、安心や安全といった感覚が育っていない。

⑭ 完璧主義と自己批判

母親から十分な愛情や称賛を注がれなかった子どもは、母親の要求に合わせようと懸命に努力するようになる。自分の出来栄《ば》えを厳しくチェックし、高い努力目標に自分を縛《しば》りつける。たいていは大人になってもその行動パターンは続く。奇妙なことに、それによって成績優秀者になるよりも、成績不良者になる場合のほうが多い。何から何までうまくこなそうとする人は失敗を許せない。あるいは、新たに学ばなければならないことには挑戦しない。したがって、始める前に自分にストップをかけてしまう。

⑮ **自分の本心がわからない、心のおもむくままに生きられない**

後ろ盾《だて》も応援団もなく、共感も得られず、無条件に受け入れてもらえるわけでもない、そういう状態では、素《す》の自分を表現することはむずかしい。ネグレクトは子どもの自我意識を損《そこ》ない、人生を失ったような感覚にさせる。

◆問題解決のために

赤ん坊に戻って、失ったものを取り戻すことはできませんが、今からでもマザリング不足解消のためにできることはたくさんあります。

次章では、マザリングの傷を癒すためのプロセス全体を眺め、その後の五つの章で、さまざまな具体的な方法を考えていくことにします。

第7章　心の古傷を隠さず癒す

◆母との問題をしまいこんで生きる

癒《いや》しの作業はまずプロセス全体を眺めることから始まります。この章では、心の奥深くに刻《きざ》まれた傷から自分を守るにはどうすればいいか、そして抑圧された感情を一掃し、治癒《ちゆ》のプロセスを始めるためには、その傷をどう掘り起こせばいいかを検討します。

また、こうした感情のワークを実践する一つの方法としての日記の効用について、そして、私たちがつい避けてしまいがちな怒りの感情――とくに母親との関係における怒りについてもお話ししたいと思います。

ご自分や、身近にいる大切な誰かが「マザリング由来の傷」を抱えているとすれば、おそらく、もうあなたはそのことに気づいているでしょう。ところが驚くことに、そうした傷を負いながら気づいていない大人、あるいはまったく認めようとしない大人もいるのです。

セラピストたちは、母親から受けた心の傷が大きい人ほど、そのダメージを必死に隠そうとすることを知っています。クライエントの中には、立派な記念碑を打ち立てるかのように自分の両親を一生懸命に理想化する人さえいます。

残念ながら、そこに現れるのは、まさに記念碑であり、実体とかけ離れたつくり話《ストーリー》なのです。とはいえ、そうした取り繕《つくろ》いも鉄壁ではありません。母子関係に何かが欠けていたことを示す兆候は必ず存在します。前章でリストアップした15の問題点以外に、こんなことも直接的なヒントになるでしょう。

●母と子のやさしいやりとりを見ると感情的になる。胸が苦しくなったり、涙が出たり、あるいは、批判や否定の気持ちから生じる心の痛みを押しのけたくなったりする（自分が持てなかったものを見るのはつらいこと）

●母親との関係についてはむしろ深く考えたくない。「寝た子を起こすな」の心境

●母親を訪ねると感情が麻痺《まひ》する。あるいは、ぼうっとする。母親と顔を合わせることはつねに苦痛であり、つらかった子ども時代を思いださせる

●心底、誰かと親しくなりたいと思いながら、一方では居心地の悪さを感じて、避けてしまう。そういう関係に慣れていない

●心の芯《しん》の部分に自分を恥《は》ずかしいと思う感情がある。自分には愛されない理由があるのだという感情に（たいていは無意識のうちに）さいなまれている

●子どもを持ちたいと思わない。自分は「親になるには不向き」だと感じている

私たちはじつにさまざまな方法で、心の深いところの感情に触れないようにするものです。つねに忙しくしている、考えごとに没頭する（こういうとき妄想《もうそう》は役に立ちます）、感情が入りこむ余地がないほど身体を緊張させる、感情の影響を抑制するために浅い呼吸をする――そうやって、感情と向きあわずにすむようにするのです。

◆心の傷が顕わになるとき

痛みを感じる場所には、何かを当てて保護したくなるのは自然なことです。したがって、その下に隠されているものを明らかにするには時間がかかるかもしれません。

ところが、人生には、そんな心の傷を顕《あら》わにするような一大事が待ち受けています。そうした強烈な出来事の一つになるのがパートナーとの別離です。自分を愛し支えてくれるはずの人の不在（生き別れ、死に別れに関係なく）は、心の隙間を浮上させ、子どものころの見捨てられの感覚をよみがえらせる可能性があります。

これ以外にもマザリングに関連する状況、たとえば自分が母親になったとき、あるいは一番下の子が独立して喪失感《そうしつかん》に満たされたときなどにも、自分の母親に対する未解決の感情が呼び覚まされるかもしれません。それはまた、母親が年老いて自分に助けを求めてきたときなどにも、起こりうることです。

まず、母親との関係はシンプルではないと気づくことから始めましょう。あなたがいまだに意識のどこかで母親と自分を一体化させているとすれば、母親をめぐる感情にまとわりつかれている状態なのです。

たとえば、母親がどんよりと落ちこんでいるような人だったとすれば、母親との関係を振り返ったとき、あなたはそうした暗さや落ちこみを連想し、母親を客観視することに困難を感じるかもしれません。

マザリング不足で心に深い傷を負った人の多くは、子ども時代を正直に語れるようになるまでに、かなりの時間を要します。口で言っていることと、実際に経験したこととの間にたいへんな隔《へだ》たりがあるので、意識の下に隠された実体験までなかなかたどり着くことができません。

隠れていた部分が掘り起こされていくと、傷を保護するために語ってきた「ストーリー」は次第に崩《くず》れはじめます。

母親との関係が満足いくものではなかったという自覚がある人でさえ、自分に欠けていたものを掘りさげていくプロセスには抵抗を感じやすく、時間をかけて少しずつ進むしかありません。あまりにもつらいために、触れずにおこうという気持ちが自然に働くからです。

慎重なやりかたで心の痛みがある程度、洗い流されたときはじめて、抵抗は和《やわ》らいでくるでしょう。

◆「欠陥」ではなく「不足」ととらえ直す

マザリング不足の人たちは、自分には何かしらの欠陥があると心のどこかで感じています。そして、その「何か」が今の自分に影響を及ぼしている、とも。ところが、両者が直接に関連しているとは思いもしません。

ここまでこの本を読み進めてきたあなたは、幼いころの養育環境に欠けていたものと、今、感じている生きづらさにはつながりがあることを、もうおわかりでしょう。

今の生きかたに感じている不満や限界が母親から受けた心の傷と関係しているということに気づけば、ある種の状況がもたらした当然の帰結なのだと理解できるはずです。ミネラル分の乏《とぼ》しい土壌で育った植物が特定の弱点を持つように、成長に必要な思いやり、支え、共感的映しだしといった重要な心の栄養素が足りなかった子どもは、ある種の発育不全を起こしています。

心理カウンセラーのジョン・ブラッドショーの言葉を借りれば、あなたがこれまで「欠陥」だと思っていたものは、むしろ、あなたに足りないもの、「不足」ととらえ直すことができるのです。

◆私自身が母から受けた傷に向きあったとき

心理療法や自助グループによる回復プログラムの大半は、「感じられないものは治《なお》せない」という考えのうえに成り立っています。感情や感覚の麻痺、あるいは覆《おお》い隠しは、心の傷を守りはしても、治癒の妨《さまた》げにしかなりません。

最終的に自己防衛の壁を壊して、子どものころの実体験の記憶をよみがえらせるには、痛みがともないます。ずっと避けてきた深い悲しみの源泉に触れることになるからです。その泉は二つの悲しみを湛《たた》えています。すなわち、子どもだった自分にはつらすぎて向きあうことができず、心のどこかに封印してしまった悲しみと、そんな子ども時代にどれほど大切なものが欠けていたかを知った今の悲しみです。

たとえば映画を見ていて、子どもとその傍《かたわ》らに寄り添うやさしい母親のワンシーンに涙を流すとすれば、それは、本来ならば自分の子ども時代もそうだったかもしれない――そうであってほしかった、という悲しみの感情が内面からあふれだしてくるからです。

ブラッドショーはこれを「オリジナルペイン・エクササイズ（苦痛の原体験療法）」と呼んで、次のように述べています。「オリジナルペイン・エクササイズは、抑圧されている原感情を実際に感じ取り、体験することです。私はそれを『再体験過程』と呼んでいます。再体験過程は、私たちに『第二次変化』をもたらしてくれる唯一の方法です。第二次変化とは、感情を真に解きほぐす深いレベルの変化です」（『インナーチャイルド』新里里春訳　ＮＨＫ出版）

オリジナルペイン・エクササイズでは、さまざまな感情と向きあうことになります。ショック、怒り、寂しさ、怖れ、恥ずかしさ、困惑、そして未熟で未分化な不快感。もちろん悲しみもかかわってきますが、それは再体験する感情のほんの一部にすぎません。

治癒をめざす旅路のこの区間には支えとツールが必要です。隙あらば苦しいことから逃げだそうとするのが人の常ですから、エクササイズを続けるためには、あなたをいたわってくれたり、歩みを促してくれたりする人が必要かもしれません。

個別心理療法が一番適していると思いますが、それに限らず、グループ療法、サポートグループ、ワークショップ、恋愛関係も役に立つでしょう。

私が面接を行ったある女性は、長い間深い悲しみに暮れて泣きつづけていた覚えがあると語ってくれました。そのときの苦痛がよみがえって涙を流していましたが、具体的な記憶がありません。これは言語習得以前の経験ではよくあることなのです。

何かの出来事によって強く心を揺さぶられた記憶は、たとえ手の届かない場所にしまわれようとも、消しようのない痕跡《こんせき》となって残っています。自分の心の痛みを誰かに打ち明けて共感してもらうこと（それは心が不在だった彼女の母親にはできないことでした）によって、彼女の癒しは格段に進みました。

癒しのプロセスでは、苦しみが永遠に続くかのように感じられるかもしれませんが、そんなことはありません。逃げださなければ、必ず収まるときがきます。どのような感情であれ、きちんと向きあえば、変化は必ず起こせるのです。

また、感情にぴったり張りついてばかりいるのではなく、半歩下がって、癒しの進み具合を確認するのも効果的です。感情と一体化している状態から抜けだし、自分の一部を「目撃者」にする、つまり、何が起きているかは知っているけれど、巻きこまれてはいない状態に自分を持っていくのです。

そうやって、ある程度の心理的な距離を置くことで、むずかしい感情の掘り起こしは楽になるでしょう。

私自身も、ずっと以前から抱えていた心の痛みと向きあうワークをしていたとき、母親から受けた傷に触れたことがありました。本来、肉体的なものではないのに、その痛みを身体で感じた私は、気がつくと激しく嗚咽《おえつ》していました。

そのとき、苦痛を抑えようとするより、外へ出してしまうほうが、むしろつらくないことに気づきました。苦痛がエネルギーの流れとなって心からあふれだしていくのを感じてみよう、そう思った私は、半歩下がってみました。排水溝のようなものをイメージしていると、最初、淀《よど》んでいた水は次第に澄んで、色が変わっていきました。

そして驚いたことに、やがて水は流れ切ったのです。最後に何回かゴボゴボという音がしたかと思うと、排水の穴は乾いていました。ふたたび心の痛みが戻ってきたのはだいぶあとのことです。

◆日記はあなたの腹心

オリジナルペイン・エクササイズに取り組んでいる最中は、自分の感情を安心してさらけだす場として、日記をつけることをお勧めします。打ち明け話で友だちをうんざりさせるのは嫌でしょうし、セラピスト（心理療法を選択した場合ですが）にいつでも会えるわけではありません。

研究者たちも文字による（口頭ではなく）感情表現は好ましいと考えています。感情を抑えこんでばかりいると、ストレスがたまり、病気になりやすいからです。日記はあなたの腹心であり、鏡であり、案内役でもあります。日記の中では、批判や非難を浴びることはありません。

対話形式のような高度なテクニックを用いれば、自分を慰《なぐさ》め、支えることも可能です。

◆心の痛みを吐きだす申し分のない相手

日記はあなたの腹心であり、古傷を癒す場でもありますから、心の痛みを吐きだす相手として申し分ありません。悲しみ、失望、喪失、迫害、裏切りなど、あなたを苦しめるあらゆる心の痛みを表現してみてください。他の誰でもない日記だけに自分の苦しみを打ち明けるのですから、日記もしっかりと受け止めてくれるでしょう。

感情を文章にしていると、泣けてくるかもしれませんが、おおいに泣いてください。どんな感情に一番動揺しやすいかがわかるように、何を書いたときに涙が出てきたか簡単にメモしておくといいでしょう。

当然ながら、日記は安心できる場所で書くこと。そばにティッシュと、心が落ち着くものを置いておくのがお勧めです。

私自身も涙がターニングポイントになることが多いようです。涙が出てくるのは「鉱脈」を掘り当てたようなものです。そのまま書きつづけていると、心が開いてくるので、そうなればしめたものです。開かれた心には苦しみに思いを寄せる力があります。それこそが、つらい感情と向きあうときに、もっとも頼れる支えなのです。

はてしなく涙が流れつづけるように思えるとしても、時計を見れば、たいていは短時間にすぎません。しかも集中しているだけに、思いのほか、苦痛に耐えられるものです。反射的に苦痛を避けているうちは、そんな自分の能力を知ることもなかったでしょう。

必要に応じて休憩を取ってください。書くのをやめて他のことをしましょう。うれしかったこと（たとえば、誰かに心から気づかってもらったときのこと）を思い返してみるのも一案です。一般に気晴らしと呼ばれるものは、心に一息つかせるための自然な方法なのです。

日記の中で二人の自分に対話させるという方法があります。たとえば、苦痛を感じている自分と、自分の中にある、その苦痛を受け止めてくれている人のイメージ（たとえばセラピスト）、あるいは、その苦痛に動じない、知恵のある人のイメージとの間で会話させるのです。

つまり、二人の話者を行ったり来たりしながら、ものごとの異なる側面を文章にしていくわけです。話者をスイッチするたびに、新たなセリフを書き加えていきましょう。

日記を書いているときのあなたは、もう、一人で苦痛と向きあっているわけではありません。感情を抑えているときのほうが、よっぽど孤独だったはずです。

◆母への怒りの対処法

ジョン・ブラッドショーは『インナーチャイルド』でこう書いています。「たとえ故意でなくてもあなたにおこったことに対して、怒ることは当然なことです。事実、あなたが自分のインナーチャイルドを治癒したいと思うならば、怒るべきです」

自分の母親に対して怒りを覚えるのはむずかしいかもしれません。なにしろ自分を生んでくれた女性なのです。幼いころ膝小僧《ひざこぞう》の傷に包帯を巻いてくれたかもしれません。

もしあなたが、「母は母なりにわが子を愛そうとしていた。いや、表現が下手なだけで、ほんとうは愛していたのだ」と思っているとすれば、母親に怒りを感じるのはなおさらむずかしいでしょう。けれども覚えておいてください。怒ることはゴールではありません。ずっと怒ったままでいる必要もありません。怒りはあくまでも癒しのプロセスの一部なのです。

その怒りの発端はかなり幼い時期までたどれるでしょう。怒りを抑えこむ癖もそのころに始まったと考えられます。愛着理論の先駆者であるジョン・ボウルビィによれば、怒りは愛着欲求を満たされなかった子どもの自然な反応です。しかも、その怒りが母親をますます遠ざけると感じた子どもは、怒りのスイッチを切ることを覚えます。

ここで登場するのも不安定型の二つの愛着スタイルです。自恃型《じじ》（回避型）の子どもは、怒りは対人関係を損《そこ》なうだけだと考え、たいていは怒りを抑えたり、隠したりするようになります。一方、とらわれ型（両価型）の子どもは、他者の関心を引くためにときには怒りを利用するようになります。

子ども時代に端を発する怒りは、大人になってからも消えません。他者を突っぱね、相手との距離を置くために怒りを利用することもあるでしょう。また、怒りには成長を促す役割もあります。

怒りには、自分自身の経験と折りあいをつける役目もあるのです。あなたが経験したことと、家族の神話（くり返し聞かされてきたこと）とは異なる場合があるからです。大人になった今、こんな言葉を口にすると、怒りが湧いてくるのではないでしょうか。

「私はほんとうはこうだったんだ。満ち足りてなんかいなかった」

少々きつすぎるなら、こちらはどうですか。「これが私の経験したことです。子どものころ必要なものを満たしてもらえなかったことを、今も怒っているのです」

もしあなたが母親に今も何か（愛情、尊敬、承認、つながり）を求めていながら、母親を動揺させるのを避けているとしたら、「怒りを持つなんて危険すぎる」と感じるでしょう。怒りと無縁の自己イメージを維持しようとすれば、怒りの感情は抑えておかなければならないからです。

けれども、あなたが自分の中の傷ついたインナーチャイルドを支えたいと思うなら、そして以前は危険すぎて認めることのできなかった感情に居場所をつくってやろうと思うなら、さらには、その感情に無意識のうちに縛《しば》られているより、解き放とうと思うなら、怒りを覚える許可を自分に与えなければなりません。

怒りには被害者意識的で泣きごとのような怒りもあれば、自分自身を守るために声を上げるような力強い怒りもあります。ここでお話ししているのは、たとえ弱々しい怒りから始まろうとも、そこから力強い怒りへ至るにはどうすればいいかということです。

世の中には簡単に怒りを持つことができる人たちがいます。そういう人たちは怒りを失望、悲しみ、恐れといった、さまざまな感情の代用にしています。それとは対照的に、怒りに身を任せたりすれば、堰《せき》を切ったように感情があふれだして止められなくなるに違いないという無意識の恐怖から、必死に怒りを抑えこもうとする人もいます。

どのような感情的な傷であれ、それを癒すためには、感情を抱くことに上手にならなければなりません。

さまざまな感情を味わい、他の感情との違いを識別でき、それでいてその感情に縛られない、ということです。

日記は怒りを表すのにも最適な場です。怒りを持つことに抵抗を感じている多くの人たちにはとくにお勧めです。それに、悲しみのようなやさしい感情のときとは違って、怒りのような感情につきあってくれる奇特な友だちを探すのは容易ではありません。

怒りはハードです。ときには憎しみをともないます。とても人にお見せできるような美しい感情ではありません。それでも日記なら何も批判せずに受け止めてくれるでしょう。

怒りと向きあうことは、自分に許可を与えることでもあります。私たちの多くは怒りをのみこむ習慣を身につけてきました。そこから脱却するには長い時間がかかります。正直な気持ちを日記につづることをたゆまずに続けていけば、染《し》みついてしまった自己規制の習慣を洗い流すことができるでしょう。
「自分は怒りを感じたりしたら、とても抑えておけない。好ましくない行動に出てしまいそうだ」という人は、要注意です。怒りを調節できるようになること、「オン」か「オフ」のどちらかではなく、怒りの流れを泳ぎ切れるようになることが必要です。

怒りが湧いてきたら、そのことに気づき、エスカレートしないように気晴らしや呼吸や小休止などを利用して、どんなときにもコントロールできるようでなければなりません。怒りをまったくコントロールできない、あるいは怒りの感情にはふれたくもないという人は、アンガーマネジメント研修会で学ぶ、セラピストとこの問題に取り組む、などの方法を考えてはどうでしょうか。

●怒りを探るためのエクササイズ

これは日記の中で行う、文章の穴埋めエクササイズです。未完成の文章に思いつくままの言葉を入れて完成していくという方法です。自己規制をかけずに、思い浮かんできたことを書きましょう。できれば、一つの課題文に一〇とおりかそれ以上の答えをつくるようにお勧めします。母親に対する思いに的《まと》を絞《しぼ》って、次の文章を完成させてください。

私は（　　　　　　　）について怒っている。

完成したら、すべての文章を読み返して、今の気持ちを感じてみましょう。この方法は自由連想式で文章を書きたいときに向いています。では、次の課題も完成させてみましょう。

この怒りの下で、私は（　　　　　　　）を感じている。

先ほどと同様に、一〇とおりの文章をつくってみてください。それが終わったら、自分の母親のことが許せないと感じていることをリストにまとめてもいいでしょう。

◆過去と決別するには

心の奥深くに分け入ることに抵抗を感じる人は、感情の問題や未解決のままの過去を話題にすることに関して、「感傷に浸《ひた》る」というような言葉を使いたがります。そうやって、こちらの羞恥心《しゅうちしん》めがけて、「蒸《む》し返すな。吹っ切れ」というメッセージを送ってくるのです。

もちろん、こちらだって「いったい、いつまでこんなことをやっているのだろう？」と自分に問いかけたいのはやまやまです。でもそれは「締めくくれば手放せる」ということではありませんか！　完結させればいいのです。

そうすればいつの日か、はるかに興味深いことが見つかって、過去の感情に引きずられなくなるでしょう。地面を掘り起こして大きな石を取り除き、耕してやれば、新しい何かが育ちはじめるはずです。その何かは、きっと人生を輝かせ、豊かにしてくれることでしょう。

そのころにはもう誰かに心の傷のど真ん中をふれられても、二度とたじろがなくなっているかもしれないし、そうではないかもしれません。けれども、ひとまず悲しみと積極的に向きあうことを終え、前進を始めていることはたしかです。

どうか、そうなるまでは「過去は蒸し返すな。吹っ切れ」というような考えは退けてください。誰もが過去の感情と向きあわなければならないわけではありませんが、あなたにとっては、それが課題の一つなのだということを忘れないでください。

もちろん、このことはあなたが望んだわけでも選んだわけでもありません。否応《いやおう》なく母親から負の遺産を手渡されてしまったのです。

もしあなたが今、親になっていて、その遺産を次の世代に引き継がせたくないのであれば、そして、マザリング不足のまま取り残されている自分のインナーチャイルドと、心の奥深くで今もつながりを持ち、過去を正したいと思っているのならば、あなたはもう仕事に取りかかっているし、善戦していると言えるでしょう。

ただし、悲しみや苦痛の原体験と向きあうことだけで、癒しのプロセスが完結するわけではないということも覚えておいてください。

もちろん、苦痛の原体験に取り組むプロセスだけで手間取ってしまうおそれもないわけではありません。強烈な体験、とりわけ幼少時のトラウマ体験が、その人のアイデンティティそのものになっているおそれがあるからです。

母親から受けた心の傷を癒す作業は簡単ではありませんから、ときには助けも必要です。次の章では、そうした助けを得るためのもっとも一般的で、なおかつ私に言わせればもっとも適した手段でもある心理療法に的《まと》を絞《しぼ》ってお話しします。

第8章　心理療法をうまく生かす

◆感情脳のトラウマを解放し、防御を解除する

対話を用いる心理療法が登場して以来、セラピストたちは、クライエントが語る母親にまつわる苦悩に耳を傾けてきました。

その後の長い間に新たな療法が続々と誕生しましたが、「母親」は相変わらずカウンセリングルームでの話題の中心人物です。

今日、マザリング不足のクライエントたちはさまざまなニーズを抱えていますが、それらの問題に取り組むためには、いくつかの選択肢があります。

●バーストラウマ（出生時の心的外傷）や胎児記憶や出生前記憶などに関して、意識の奥深くに働きかけるヒーリングワーク
●母子関係における未解決の問題を探り、幼いころに満たされなかった欲求を解決していくうえで支えとなる、さまざまな対話療法、表現療法（たとえば、アートセラピーやダンスセラピー）、身体療法
●母親とともに参加する家族療法
●より安定的な愛着を現在の対人関係で形成するためのカウンセリング（たとえばカップル療法）
●愛着の対象となりうる存在（インナーマザー、母親の理想像、聖人、ペットまでを含む）との間に肯定的な愛着の形成を促すことを主眼とした革新的アプローチ、たとえばブレインスポッティング（訳注：脳科学

や生理学をベースにした新しい心理療法)、自己の内面の「分身」に働きかける療法(訳注：副人格療法、分身療法、パーツセラピーとも呼ばれる)

●セラピスト自身が細心の注意を払いながら意図的に愛着対象となり、クライエントの幼いころに満たされなかった欲求の解決を試みる療法(164ページの『『リマザリング』という特効薬」を参照)

これらだけが選択肢ではありません。たとえば、セラピストを〈グッドマザー〉的人物としてとらえながら、同時にセラピストの協力を得て、自分の中にインナーマザーを育てるワークを実践してもいいでしょう。

この章では乳幼児期の愛着の傷を中心にお話ししていきますが、セラピーの場で実際に取り組む問題や成長の途上で未解決にされてきた欲求は、乳幼児期に限らず、長い年月にまたがる問題であるということを覚えておいてください。

数百種類におよぶ心理療法の間では、セラピストがクライエントにふれることや、クライエントの欲求にどこまで直接的に応えるべきかといった問題をめぐって激しい論争があります。

本書では、主流派の実践を中心にお伝えしていきますが、一部、それ以外の療法の実例も取りあげることにします。

一般に、短期療法や認知行動療法には、乳幼児期のトラウマに取り組むうえであまり多くを期待できません。こうした療法は、考える脳と呼ばれる大脳新皮質に働きかけるものであり、感情脳にはけっして届かないからです。

ほとんどのクライエントの場合、感情脳のトラウマを解放し、防御を解除する必要があるのですが、それがもっとも容易に実現されるのは、時間をかけてじっくり形成される安全で温《あたた》かい人間関係においてなのです。

また、精神医学者のトマス・ルイス、ファリ・アミニ、リチャード・ラノンの共著『愛に関する一般理論（*A General Theory of Love*）』（未邦訳）によれば、クライエントの感情脳（大脳辺縁系《だいのうへんえんけい》）が変わりはじめるのは、ちょうど赤ん坊の脳が母親の脳に同調するように、セラピストとの間に大脳辺縁系共鳴を起こし、相手の感情脳に同調するときです。

そうなるまでには数年を要するでしょう。感情脳の回路のつなぎ直しに手っ取り早い方法はありません。

この件に関しては、ほかにもいくつか参考になりそうなキーワードがあります。行動のルーツを幼少時にさかのぼって深く探っていく心理療法では、「精神力動的」という表現が頻繁《ひんぱん》に使われます。

そうした療法の中でも、セラピストとの関係が持つ修復作用に主眼を置く場合には、「関係療法」や「愛着に基づく心理療法」と呼ばれることがあります。ただしこれは、養親になつくことのできない養子をおもな対象として議論を呼んでいる「愛着療法」とはまったく別のものです。

ここからは、幼少時の愛着に対する長期的な深い心理療法についてお話ししましょう。

◆セラピストとグッドマザーの共通点

母親はわが子の欲求を満たすためにいるのであって、その逆ではありません。同様に、セラピストは自分ではなくクライエントのニーズに応えるために存在します。その意味で心理療法は母子関係に匹敵します。

〈グッドマザー〉と同じく、セラピストはあなたの心に寄り添い、あなたに自由に自己表現できる場を与え、あなたの内的体験に関心を持ち、問題を乗り越えられるように手助けするわけです。

研究と臨床の両方に携《たずさ》わる専門家たちの中には、母親が赤ん坊の神経系の役割を（外部からとはいえ）

部分的に担《にな》い、子どもの成長の土台になるのと同じように、セラピストはクライエントとの情緒的な交流を通じて心的状態を共有しながら、心の持ちようや人間関係について新たなありかたのヒントを提示する、とさえ示唆《しさ》する人たちもいます（大脳辺縁系共鳴）。

小児科医で精神分析家のＤ・Ｗ・ウィニコットは、セラピストを子どものために支持的環境をつくりだす母親にたとえています。彼の考えによれば、セラピストには母親と同じくらいの忍耐、寛容さ、信頼性が求められます。また、セラピストはクライエントの願望を欲求として扱い、クライエントを助けることに専念しなければなりません。

〈グッドマザー〉は最初、赤ん坊の欲求に丹念に応えますが、徐々に自然な欲求不満の状態をつくりだしていきます（もちろん微調整しながらですが）。セラピストも、クライエントが自立するにしたがって、少しずつ身を引いていくようでなければなりません。

セラピストと〈グッドマザー〉の間には、相手の心に同調していながら、もう一方では別の意識を維持しているという共通点もあります。相手との心の交流に注意を払うと同時に、相手が課題を乗り越えられるように手を差しのべているわけです。

クライエントの感情に同調することはあらゆるセラピーの標準ですが、すべてのセラピーが、愛着問題にかかわる心理的な相互交流に主眼を置いているわけではありません。行動療法、認知療法、短期療法の大半は、クライエントに起きている問題の「地下の」部分には注意を向けていないのです。

マザリング不足のまま育ったクライエントにとって、愛着関連の問題に注目しないセラピストは、まさしく情緒的な欲求に気づいてくれなかった母親と同類です。心が不在の母親は目の前の直接的な課題にしか意識を向ける余裕がありません。

しかも、たいへんなストレスにさらされている場合は、それもかろうじてのことでしょう。つまり外面的な欲求には（ある程度）応じるとしても、内面的な感情や欲求には無頓着《むとんちゃく》なのです。クライエントの心に波長を合わせるセラピストは、両方の欲求に敏感でなければなりません。

子どもとの情緒的な交流に「疎《うと》い」母親とは違って、敏感なセラピストは、自分がクライエントにとって重要かつ安定的な支えであることを自覚しています。それこそがマザリング不足のままに育った人たちが必要としているものだからです。

彼らの人生には、つねに近くにいてくれて頼りにできる人、安心感の要《かなめ》となる人が不在でした。こうした安定的な支えになろうという覚悟のあるセラピストは、マザリング不足によってできたクライエントの心の隙間を埋めることができるのです。

マザリング不足のまま大人になった人の多くにとって、自分のセラピストが義務感から面倒を見てくれているだけでなく、一人の人間として向きあってくれていると感じることがきわめて重要です。

彼らには母親に自分の存在を認められたという感覚がなく、したがって母親から好かれていたという感覚もありません。自分の母親はある種の義務感から（表面的に）愛してくれていただけだと感じているかもしれません。ありのままの自分を認めてくれない相手からは、ほんとうに愛されているという実感は（それどころか、好かれているという実感さえも）得られないでしょう。

そういうクライエントがセラピストにほんとうに好かれていると実感するためには、自分が持つ潜在力にも、心の痛みにもきちんと目を向けてもらっていると知る必要があるのです。

こうした要求を満たすにはセラピストに高いスキルが求められます。心からクライエントを気づかっていることを示さなければならないと同時に、クライエントとの関係を明確に、専門家としてふさわしい状態に保てるように境界線を守り、自分自身の欲求を絡《から》ませないようにしなければなりません。

◆愛着の傷に踏みこむとき

愛着関連のセラピーではセラピストは新たな愛着対象の役割を果たします。クライエントに愛着の絆《きずな》を形成する機会を提供し、幼少期の母子関係に由来する未解決問題に取り組むきっかけを与えるのです。これは非常に深いレベルの意識に働きかけるタイプのセラピーですから、セラピストにはいくつかの特殊なスキルが要求されます。

第一に、愛着の傷を抱えるクライエントの多くは、自分の人生を左右している問題にほとんど気づいていない、ということを理解しておかなければなりません。

乳幼児期の経験の大部分は言葉を話せるようになる以前の経験であり、明確な記憶として蓄積されていません。したがって言葉にできないばかりか、意識していない場合さえあります。クライエントのこうした無意識のパターンは、セラピーでも実生活でも行動に現れるものです。

すぐれたセラピストは、クライエントに何が起きているか、そしてクライエントと自分との間に何が起きているかを知る手がかりとして、そうした無意識のパターンが再現される様子や反応に目を光らせ、クライエントのボディランゲージを読み取り、また自分自身が感じていることにも注意を払います。

心理療法士のデイヴィッド・ウォリンは著書『心理療法における愛着（*Attachment in Psychotherapy*）』（未邦訳）の中で「私たちは言語化できないものを相手とともに演じ、相手の中に喚起《かんき》し、そして／あるいは具現化する」と書き、愛着関係の性質は、おもに両者の間の非言語的な相互作用によって決まると述べています。

アイコンタクト、顔の表情、相手との距離を広げるか縮めるか……などがすべて合わさって、赤ん坊と母親、恋人同士、セラピストとクライエントの間では絶妙な心理ダンスがくり広げられているわけです。

セラピーではときおり退行（クライエントが乳幼児期の精神状態に戻ること）が起きますから、自他が融合してしまったような感覚が生まれ、セラピストとの間の通常の境界線がぼやけることもあるでしょう。ですから、セラピストは、ヒーリングの範囲を越えるほどの依存状態を助長しないように、また、自分自身の欲求（愛情、力、接触など）を満たしたいがために、身体的な接触行為やクライエントとの人間関係の何らかの側面を利用することのないように、完璧に気を配《くば》らなければなりません。

当然ながら、相手に必要とされたいという思いの強い共依存的なセラピストは、クライエントの治癒《ちゆ》を助けるどころか、クライエントをわなにかけ、傷つけるおそれがあるのです。

濃密な人間関係をベースとするタイプの心理療法では、セラピストのある程度の理想化は避けられません。クライエントは、愛し愛されたいという思いから、一時的に、色眼鏡でセラピストを見るようになります。子どものころに満たされなかった愛情を手に入れたいがために、セラピストの欠点には目をつむり、実物以上に美化してしまうのです。ありのままの姿ではなく、そうあってほしいと願う姿を見るわけです。

子どもが親を理想化して愛着が進むのと同じように、セラピストの理想化は、セラピストへの愛着を育てるという意味では、一時的にプラスに作用します。

形態に関係なく、そもそもセラピーとは、クライエントの心の脆《もろ》い部分に働きかけるものですが、幼少期の見捨てられ体験からくる心の傷を掘り起こして、切迫感や依存の感情を再燃させるたぐいのセラピーは、クライエントの中にある脆さを際立たせることになります。

クライエントがそうした感情を受け入れ、表に出すためには、とてつもない信頼関係を育てる必要があります。セラピストは、こうした問題に丁寧《ていねい》かつ巧《たく》みに向きあえるようでなければなりません。

おわかりのとおり、幼少期の愛着の傷に取り組むことは非常に繊細な作業であり、すべてのセラピスト、すべてのセラピーがこのことに適しているわけではありません。ここで述べている愛着関連のワークでは、セラピストとクライエントの人間関係そのものが癒《いや》しの手段になります。

それ以外の要素を担《にな》えるほど強固な関係を育てなければならない種類のセラピーもありますが、そうしたさまざまな心理的介入が、心の傷を癒すための、より具体的な手段であると考えられています。

◆セラピーにおける身体接触をめぐって

ほとんどのセラピストは、クライエントへの身体接触を制限する、もしくは回避するように訓練を受けています。

精神力動的心理療法では身体接触を探究しますが、セラピストとの関係に接触欲求を持ちこむことは、クライエントのそうした欲求の「解決」を促すというより、欲求の「行動化」につながると見なされています。

より「身体志向」の強いセラピスト、あるいは非伝統的な訓練を経てきたセラピストの考えは、しばしばこれとは異なります。極度に動揺しているクライエントをなだめるため、あるいはクライエントをよりスムーズに感情と向きあえるようにするため、身体接触を取り入れるセラピストもいるでしょうし、これまでの経歴からして接触を受け入れることが苦手なクライエントに対して、ごくたまに身体接触を申しでることは重要であると考えるセラピストもいるでしょう。

あるトラウマの専門家は、クライエントの身体に「ふれないこと」が倫理に反する場合もあると述べています。治癒に欠かせない重要な要素を出し惜《お》しみすることになるからです。

幼少期の愛着の傷を扱う場合、身体接触の問題はより重要性を増してきます。クライエントの多くは、親から平均以下の接触しか受けたことがなく、接触に対してより切実な飢餓感《きがかん》を抱えてやってくるかもしれません。そういう人たちは、接触への欲求を通常よりも強く感じているうえ、接触されることによって、より大きな影響を受けるのです。

あるセラピストは、クライエントが接触欲求を表現することを認め、手を握ることや足で足をさわることを許可しました。そうすることで根源的な接触欲求が満たされると、クライエントの中にある拒絶されることへの恐怖や気まずさといった感情へのアクセスが容易になり、身体接触によって生じがちな誤解を回避することもできました

子どものころに身体接触に誤った性的な意味を持たせたまま大人になった人、さわられると過剰に反応してしまう、あるいは身構えてしまう人には、特有の脆さがあります。そういう人にとって身体接触は強烈すぎたり、脅威《きょうい》に感じられたりするかもしれません。これはとても複雑な問題です。

身体接触も含めて訓練を受けてきたセラピストは、クライエントにいきなりふれたりはせず、事前に許可を得たうえで、どんなことをしようとしているかを言葉で表します。たとえば、「これからこうやって肩にふれますが大丈夫ですか?」「こんなふうにここにふれると、どんな感じがしますか?」といった具合です。

セラピストが、クライエントにとってそれが重要なステップになると思えば、クライエントの側からの接触を認める場合もあるでしょう。たとえば、先述のクライエントは、幼少期から抱えてきた問題にふれることや欲求を持つことに大きな恐怖を感じたとき、みずからセラピストの手を握ってきました。

もしクライエントの身体接触に誘惑や操作の意味合いが含まれていたら、あるいはクライエントがセラピストとの間の境界線を守ろうとしなかったら、セラピストはそのことと対峙《たいじ》しなければなりません。

◆「リマザリング」という特効薬

セラピストの中には、より直接的に「母親代わり」を果たそうとし、身体接触も積極的に取り入れるタイプの人もいます。たとえば、成人女性に対して「リマザリング・セラピー」を行うセラピストがそうで

す。

クライエントが気軽に甘えられるように、また愛着欲求を表現し、それを満たせるように励ますのです。「私が行うのは、マザリング不足の女性たちに愛情への飢餓感を持つことを恥《は》じ入らせるのではなく、そうした飢餓感を真剣に受け止めてあげることです」とセラピストのスンジャ・キムは書いています。

キムのようなセラピストは、〈グッドマザー〉としてクライエントに寄り添い、（徹底的に）愛そうとします。こうしたセラピーには、クライエントの求めに応じて抱擁《ほうよう》することや、〈グッドマザー〉のメッセージを届けることも含まれます。

キムはクライエントをリラックスさせ、次のような愛情あふれるメッセージを伝えるようにしています。

受け身の愛とは、相手の側からいたわられる愛です。受け手の側が愛を引きだすために何かをする必要はほとんどありません。与える側はより多くの直感と共感を、受け取る側はより多くの感受性を持っていればいいのです。マザリング不足のまま育ち、必死で愛を求めて生きてきた女性は、相手から差しだされる愛を受け取ることによって、心の奥深くの傷を癒していきます。こうした女性は情緒的な欲求不満を深く恥じていますから、そうした欲求を自分から明らかにする必要のない状態、ただ与えられるままに受け取ればいい状態に、たいへんな安らぎを感じるでしょう。

甘えたい、親密になりたいという欲求が母親的存在にやさしく受け止められるのを感じ、愛されることに身をゆだねていれば、あなたの身体、心、頭、魂は徐々にほぐれていくはずです。すると、十分にいたわられず愛されなかった子どものころの深い悲しみを体験し直すことになるかもしれません。けれども、その悲しみの流れを感じ、そこから解放されることによって、やがてさらに深いレベルのリラックス状態へ移り、ありのままの自分に触れることができるのです。それによってまた、自分が生きとし生けるものとつながりあっているという真実に気づき、今まで感じていた深い孤独から解放されるかもしれません。

リラックスしてより深い意識とつながり、そこに隠されていた本質にふれる、そのことこそが待ち望んでいた癒しであることに、多くの人は同感するでしょう。それは私たちの生まれながらの権利でありながら、赤ん坊のころ母親が認めてくれなかったがために失われていたのだ、と言う人もいます。

こうした本質的な部分への働きかけを、五〇分という従来のセラピーで実現することは不可能です。数時間のセッションや、ときには特別な形態が必要になるかもしれません。

五〇歳近いある女性は、マザリング不足で生じた心の問題をめぐって電話によるセラピーを一年以上も続けたあと、一連のセッションを直接受けることになりました。彼女はセラピストのオフィスがある町へ出かけていき、近くのモーテルに滞在しながら数時間のセッションを受けに通ったそうです。しかもセッション以外にセラピストの家族と過ごすこともありました（母親に愛されたことのない人にとって、人間らしい愛情あふれるひとときや内輪に迎え入れられるという感覚がいかに大切なことかを覚えておいてください）。ある女性は、心の殻を破り、赤ん坊のころに感じていた苦痛の核心に触れることがどういうものか、そしてセラピストに抱かれることが何を意味するかを次のように語っています。

心の奥底から泣いていました。そのとき私が何よりも必要としていたのは、愛の力で強く抱きしめられ、包まれることでした。まさにそれをセラピストはしてくれたのです。しばらくすると、ただセラピストに抱かれているだけではない、という感じがしてきました。

もちろん彼女がそこにいることはわかっていましたが、あのとき私は愛そのものに抱きしめられていたのです。セラピストや彼女の家族という存在を超えた、何かもっと深いものが感じられました。あとからそのことに気づいたときには、何度も感動させられたものです。私たちは問題の核心にふれていたのです。あのとき感じた愛の力は私がずっと追い求めていた愛と抱擁の象徴でした。長い間私は、誰かに求められたい、ほんとうに必要とされたいという思いを抱えていました。この世に存在するための権利をわざわざ勝ち取る必要がなく、ただ生きていていいと認められ、そして美しく、愛されるに値する存在だと確信したい（厄介者《やっかいもの》のように扱われるのではなく、抱きしめられたい）という思いです。それ以上大切なものなどあるでしょうか。

乳幼児期のやり直しであるリマザリングは特効薬ですが、その取り扱いは必ずしも適切に行われているとは言えません。抱擁、アイコンタクト、言葉による癒しのメッセージ、さらには哺乳瓶《ほにゅうびん》まで導入するセラピストがいるそうですが、実際にセラピーを受けたクライエントたちからは功罪相半ばする結果が報告されています。

依存状態への退行を促されたあとに、セラピストから見放されて深く傷ついたクライエントの事例も耳にしています。その一方で、やりかたは穏便《おんびん》でも、クライエントにとっては的外《まとはず》れなセラピーが行われているのもたしかです。

理想的なマザリングの第一原則は相手の心に波長を合わせることですから、どんなに善意と思いやりのあるセラピストでも、クライエントの感情を敏感に汲《く》み取ることができなければ、最善の結果をもたらすことはできません。

私は、セラピーにおいて真に癒しの効果を発揮できるのは、誠実で、敏感で、信頼でき、尊敬の念のこもった結びつきであると考えています。他のいくつかの心理的介入とは違って、こうした結びつきには、セラピストがポケットからさっと取りだして使えるような決まった形はありません。定型的な介入方法よりも、セラピーの中で有機的に発生してくるニーズや反応にこそ、私は信頼を寄せています。

では、私自身がセラピストによるリマザリングを受けたときの体験をお話ししましょう。自分にはリマザリングが必要だという思いが心の奥底から湧きあがってきたのは、それとは別の幼少期のトラウマと向きあうワークを数年間続けたあとのことでした。

他の人たちも報告しているように、私も、本来、母親が占めるべき心の中に隙間があいているのを感じていました。セラピストに母親代わりを務めてほしいと話すと、彼女はしばらくためらっていました（セラピストとして受けてきた訓練からかなり逸脱することだからです）が、やがて、みずからの心の声に従い、私の願いを聞き入れてくれました。

抱きしめてくれることこそありませんでした（それに私からも求めませんでした）が、身体への接触を恐れずに実践してくれたので、私にとっては大きな癒しになりました。心の深いところで絆を結ぶことができたのは、互いの目を見つめあったときだったと思います。

目と目が通じたことで心が通じたのです。それはとても深遠な経験でした。やがて、（私の内面で強化された）この絆が、自分自身に対する感情や人生経験のすべての再構築をもたらしました。

こうして人生に欠けていた重要な要素を経験するチャンスを得たことで、私は人間として飛躍的に成長を遂げることになったのです。

あのときのセラピーでの最大の収穫は、自分はたしかに愛されているという実感を得られたことだったと思います。

◆孤立から安定的な愛着へのステップ

セラピーがうまくいくと、クライエントは成長し、新たな選択肢を手にします。たとえば、自分の心の脆さを否定してきた人が他者に心を開けるようになるには、その脆さにある程度耐えることを学ぶ必要があるかもしれません。

では、そういう人はセラピーの中でどのようなステップを踏んで進化を遂げていくのでしょうか。次にその例を示します。

①　自分を守るための孤立

自己防衛的なスタンスは他者を寄せつけません。拒絶されて傷つくのが怖いので、心の防御を固めている状態です。自持《じじ》型の愛着スタイルを形成した人は、「どうせ愛されないのだから、求めないほうがいい」と考えています。何らかの思いやりや愛情を示されると、そうした態度が揺らぎはじめます。

②　溶けはじめる鎧

辛抱《しんぼう》強く、相手の心の動きに敏感なセラピストは、あの手この手でクライエントがまとっている固い鎧《よろい》を少しずつ溶かしていきます。やがてクライエントは、「自分は認められている。理解されている」と感じるようになります。

③　葛藤と切望

心が開かれていくにつれ、抑圧されていた強い願望が表に現れ、自分を守ろうとする気持ちと葛藤《かっとう》を始めます。「止まれ」と「進め」という矛盾するメッセージが同時に存在している状態です。

④ 溶解

愛されたいという願望は、あまりにも長い間抑圧されてきただけに、解放されたときには強烈です。クライエントの頑《かたく》なだった心を一気に溶かしてしまうほど強力なために、クライエントは心を裸にされ、無防備になったように感じます。

⑤ 恐れ

自分は無防備になっていると感じたクライエントの心の中では、警報ベルがけたたましく鳴りはじめるかもしれません。無防備になることこそ、自恃型の人がもっとも恐れている状態だからです。

⑥ 不安

恐れをコントロールできるようになると、愛着の形成が進み、セラピストがクライエントにとって非常に重要な存在になります。すると、クライエントはしばしばつらい思いを味わいます。セラピストが休暇や出張で遠くへ行ってしまうこともあるでしょう。いつでも好きなように会えるわけではありません。クライエントの中の大人の心はそのことを理解していますが、欲求に火をつけられてしまった子どもの心は、一週間に一時間ほどのセッションでは我慢できません。インナーチャイルドの感情にのみこまれた状態のクライエントは、セラピストなしでは生きていけないとさえ感じているかもしれません。セラピストが遠くへ出かけると、もう戻ってこないのではないか、二度とかまってくれないのではないか、と不安に駆られる場合もあるでしょう。

⑦ マザリングの滋養

そうした不安を感じながらも、クライエントは差しだされた滋養《じよう》を徐々に味わい、感謝と満足を感じるようになっていきます。

⑧ 絆の安定

セラピストとの間にさらに丈夫でしなやかな絆が育つにつれ、クライエントは、関係の途絶（たとえば休暇や誤解による）に耐えられるようになり、不安に襲われることが減っていきます。

⑨ 健全な自己主張

肯定的な反応を一貫して受けていると、やがてクライエントは、「ほしいものをほしいと言っていいのだ。自分には、求めるものを得る権利がある」と確信するようになります。このことはクライエントの自信を深め、他の人間関係にもプラスの影響を及ぼします。

⑩ 愛着の対象の内面化

愛着対象の存在と、その人とのかかわりから生じる良好な感情、この二つがクライエントの精神構造の一部になることを意味します。安定した愛着関係を築いた相手は、自分の心の中に取りこまれるのです（185ページ「心の中に携帯用のグッドマザーを」を参照）。

ここでは自己を守るために孤独なスタンスを取るようになった自恃型の人びとを取りあげていますが、そうしたスタンスは必ずしもはっきりわかるものではありません。愛着の傷は長い間隠されている場合もあります。

ここに述べたような自恃型の人たちであっても、心の傷にふれられることのない快適で親密な友人関係、つまり、隠された愛着の傷を癒すほどの効力を持たない、当たり障りのない人間関係なら築けるかもしれません。

また、大人になって、何十年も安定した結婚生活を続ける人もいるでしょう。とはいえ、やはりそれも、相手との間に、愛着の問題に波風を立てることのないくらいの距離感を保ちながら続ける関係なのです。

ここではセラピストとの濃密な人間関係の中でクライエントが成長を遂げていくプロセスを描きましたが、セラピストに限らず、その人につねに寄り添い、人間としての成長を支えてくれる愛着対象がいれば、同様のプロセスは可能になるでしょう。

◆「母親先生」は代役

こうした劇的な人間関係のプロセスでクライエントはいくつかの困難に直面します。最大の問題の一つは、セラピストが一時的な母親代わりにすぎないということです。

長年待ち焦《こ》がれていた〈グッドマザー〉のやさしさをセラピストが経験させてくれているとはいえ、クライエントは永遠にそのやさしさに浸《ひた》っていられるわけではありません。あくまでもセラピストは、クライエントであるあなたが自分の内面に〈グッドマザー〉を育てるまでの代役にすぎないのです。

セラピストはやさしさ、知恵、忍耐力のすべてを傾けて、すぐれたマザリングとはどういうものかを教えようとします。私はそういうセラピストを「母親先生」と呼んでいます。つまり、〈グッドマザー〉の模《も》範《はん》を、クライエントの中の大人の部分に教えているわけです。

クリスマスや休日や夜中にあなたに寄り添ってくれるのは、内なる母親です。セラピストではありません。ただし、セラピストを内面化しておけば、いつでも自分の中に母親としてのセラピストを呼びだすこともできるでしょう。

たとえ内なる母親に直接的に働きかけなくても、セラピストは、あなたの中の眠っていた性質、たとえば自分自身を支える能力や自分自身を正しく守る能力を呼び覚ますことができます。けれども、こうした性質がセラピストと会っているときにしか引きだされないのでは困ります。クライエントがどんなときでも自分の能力を活用できるようにするのが、すぐれたセラピストなのです。

第9章　グッドマザーを求める気持ちを抑えてきた人へ

◆今からでもグッドマザーの恵みを得られる

マザリング不足のまま大人になった私たちの多くがそうであるように、もしあなたが〈グッドマザー〉を求める気持ちを抑えつけてきたとすれば、その抑圧が緩《ゆる》んで、ほんとうの気持ちが顕《あら》わになったときには、激しく動揺するかもしれません。

〈グッドマザー〉を求める気持ちは、たとえ自分にはなじみのない、危険で恥《は》ずかしいもののように感じられるとしても、癒《いや》しへ至る道筋には必要不可欠な要素です。母の愛を追い求めるのは自然な感情であり、遠い昔、生きのびていくためにスイッチを切ってしまった人の中にも、消えずに残っています。

あるセラピストはクライエントに「〈グッドマザー〉を追い求めること自体は健全なことだ」と言い聞かせています。大切にされたい、かまってほしいと願うことは、まさに人間の本質なのです。

それが幼いころまったく叶《かな》えられなかった願望であっても、今から叶えることは可能です。「これは」という人物を〈グッドマザー〉役に「抜擢《ばってき》」し、その人に、慈《いつく》しみ、いたわり、導き、保護、ミラーリングといったマザリングの要素を提供してもらえばいいのです。

そして、その人たちから受けたマザリングの実体験を最大限に生かして、あるいは、元型的な〈グッドマザー〉像から学んだ要素を手本にして、いずれは自分の中に〈グッドマザー〉を育てていきましょう。

どちらの方法を選ぶにしても、その仕組みは変わりません。つまり、あなたが母の愛に恵まれなかった過去をただ嘆いているだけでは、〈グッドマザー〉がその愛を埋めあわせてはくれないということです。

　頑《かたく》なにそっぽを向いている人の頬を、どうしてやさしく撫《な》でることができるでしょう。だから、素直に自分の弱さを認め、〈グッドマザー〉が近づくことを許さなければなりません。それができたときはじめて、〈グッドマザー〉の恵みを受け取ることができるのです。

◆グッドマザーに出会うチャンス

　子どものときにマザリングを受けられなくても、幸いなことに、大人になってから挽回《ばんかい》のチャンスは巡《めぐ》ってきます。しかも、愛、思いやり、導き、励まし、共感、保護など〈グッドマザー〉の恵みを授けてくれる人間関係は一つとは限りません。

　相手はパートナーであったり、セラピストであったり、親友、義理の親、聖職者や精神世界の指導者、メンター（信頼のおける助言者）であったりするでしょう。そしていずれは、自分の内面に定着したインナーマザーが助けてくれるようにもなるのです。

　自分のためにつねに待機してくれている人がいることは、このうえない幸せです。ただし、その前提として、差しだされた恵みを受け取る用意がこちら側にできていなければなりません。不幸だった過去にしがみついているばかりでは、癒されようがないのです。

　癒しへ至る道のりでは、不快な感情と向きあうことになるかもしれませんし、自分は愛される価値がないという感覚とたたかい、信頼を学ぶことも必要でしょう。けれども、あなたの味方が差しだしてくれる恵みは、マザリングの傷を癒すためには絶対に欠かせないものなのです。

　その恵みが義務感からではなく「愛情」から差しだされていると気づいたとき、あなたの心は強く揺さぶられるでしょう（感情不在の母親を持った子どもは、母親は義務感から子育てをしていたと感じていることが多いのです）。

無条件に差しだされた慈愛を受け入れることができれば、やがては自分の内面に健全な権利意識が芽生えるでしょう。つまり、今まで抑えつけてきた欲求がじつは重要なものであったということ、自分は支えられ、いたわられる権利があるということへの気づきです。すると意識のスタンスがゆっくりと変わりはじめ、欲求は叶えられるものだ、という前向きな期待が持てるようになるのです。

したがって、〈グッドマザー〉の代理を務める人には懐《ふところ》の深さが求められます。思いやりと愛と称賛を惜《お》しみなくあなたに注ぐことができ、心の傷の解消に取り組むあなたに包容力を持って接することができる人でなければなりません。

心が不在で、感情表現が乏《とぼ》しく、放任主義の母親は与えることが不得意ですから、そういう母親のもとに生まれた人にとっては、こうした寛大さが癒しのカギを握ります。気前のいい母親は、むしろ子どもの欲求を満たすことに喜びさえ感じるものです。その喜びが彼女自身を人間として成長させもします。

当然ながら、〈グッドマザー〉役は安全や安心を感じさせてくれる人でなければなりません。今、あなたは、自己イメージを変え、他者との向きあいかたを変え、長い間氷漬けにされていたインナーチャイルドを目覚めさせるという、徹底的な変容を経験しようとしているのです。

あなたが身近な人の非難の声を真《ま》に受けて、心の中に壁を築いてきたとすれば、その固い壁の外へ出てこない限り、癒しは訪れません。今、求められているのは、母親の腕の中で安心して眠る赤ん坊のように、心を開いて受け身になることです。そうすれば、あなたの中の赤ん坊を育ててくれる、信頼のおける人を見つけだすことができるでしょう。

癒しへ至る道のりは長いということをどうか忘れないでください。子どもは一夜にして大人にはなれません。めざすゴールは、心の傷を癒し、健全で円満な大人へと成長することですが、そこへ至るには段階を経なければならないのです。

その行程はインナーチャイルドの傷が少しずつ癒えていくイメージとしてとらえると、もっとも効果的でしょう。もちろん単純に、自分に足りない部分が補われ、弱い部分が強化されていく様を思い描いても、子どものころに得られなかったマザリングの滋養《じよう》は吸収できるにちがいありません。

◆パートナーに欲求の埋めあわせを求めるとき

当然ながら、子どものころに満たされなかった欲求の埋めあわせを恋愛や結婚のパートナーに求める場合があります。これは優《すぐ》れた選択であると同時に、波乱含みの選択でもあります。

愛情関係は、相手に気づかわれ、やさしく支えられ、大事にされているという感覚を味わう機会を私たちに与えてくれます。心地よい身体のぬくもりを感じたり、ふれあいを楽しんだり、無防備な素顔の自分をさらけだしたりするのにはもってこいの場です。

ただし、愛情関係はそれだけのものではありません。住まいや生計といった現実的な生活を共有する場でもあり、たいていは子どもを育てる場でもあるでしょう。さらには性的欲求が満たされる主要な場でもあります。互いに相手を思いやり面倒を見るという責任も発生します。

愛情関係とは、これほど多くの役割を担《にな》う関係でもあるのですから、幼少時に満たされなかった欲求の埋めあわせを期待する場合には、特別な要件を考慮する必要が出てきます。

現在、恋愛もしくは結婚のパートナーがいる人は、次の質問を参考に、今の二人の関係性について考えてみてください。現在パートナーがいない人は、過去の愛情関係に当てはめて考えてみましょう。

▼現在の愛情関係（恋愛または結婚）によって、どのような心理的、物理的欲求が満たされていますか。あなたたちの一方は他方の〈グッドマザー〉役を担っていますか。どちらがその役回りを引き受けていま

すか。

▼どちらか一方が他方の面倒をよく見ていますか。それとも交代ででしょうか。二人の関係には親と子のような要素はありますか。

相手の同意を得ないまま、自分が幼少時に満たされなかった欲求の埋めあわせを相手に求めると、トラブルに発展する可能性があります。意識して心がけない限り、つきあいはじめや結婚するときに、わざわざ「私の母親になってくれますか」などとは聞かないものです。

知らないうちにそんな役割を負わされていたと気づいたパートナーは、腹を立てるかもしれません。しかも有無《うむ》を言わせずだとしたら、なおさらです。

こういう場合は、パートナーに具体的な選択肢を与えて交渉してみるといいでしょう。たとえばこんなふうに。

「少しの間、抱きしめていてくれる？　寂しくて不安なの」

「インナーチャイルドがおびえているみたい。だから『心配いらない』と言ってくれないかしら」

「私に共感していることを言葉で聞かせてほしい」

できれば、あなたの中の「大人」が交渉に当たるのが理想でしょう。要求の伝えかたを学べる本や講座もたくさんありますから、利用してはいかがでしょうか（インナーチャイルドを引きあいに出すことに違和感のある人は、ここから先は飛ばして、次章を読んでから戻ってきてください）。

あなたの中の「子ども」の部分はパートナーとつきあえない、というわけではありません。とはいえ、相手にどんなことを要求してもいいかを見きわめたり、交渉に当たったりするためには、あなたの中の大人の部分による十分な保護が必要でしょう。

インナーチャイルドが前面に出て、相手にこうしてほしいと要求することも可能ですが、その場合、頼りにできるのはパートナーだけではないということを、その子どもの部分が理解していることが理想的です。

あるいは、たまに内なる子どもをパートナーに甘えさせるだけにして、インナーチャイルド・ワークやリマザリング（育て直し）の大部分は別の方法で行う、という選択肢もあるでしょう。

恋愛や結婚では、ときには役割を交代して、自分のほうから相手をいたわり、守り、面倒を見るという心づかいが必要です。大人と子ども、あるいは親と子の関係になったつもりで、一方が他方を育てるようなやりとりをする、または、互いの中の子ども同士が交流するというやりかたが可能です。

双方のインナーチャイルドが傷を負っている場合には、おおいに傷つけあい、非難しあうかもしれませんが、精神的な強さや信頼について学びあう者同士、楽しい時間を共有することもできるでしょう。

忘れないでいただきたいのは、母親に求めても得られなかった無条件の愛情の肩代わりをさせられる義務は、パートナーにはないということです。相手には相手の欲求があり限界があります。互いに大人としての責任を背負ってもいます。だからといって、あなたが弱い感情を持ってはならないとか、ましてや子どものころの欲求をよみがえらせてはいけないというのではありません。

ただ、相手にはあなたの欲求に応えるか否《いな》かの選択権があり、その欲求は究極的にはあなた自身がどうにかしなければならない問題なのです。パートナーにその欲求を満たしてもらおうとすることは、たくさんの選択肢の一つにすぎません。ある時点でパートナーがその欲求を満たしてくれないとしても、他に方法はあるのです。自分の中の子どもの感情にのみこまれすぎて、そのことを忘れないようにしてください。

パートナーを相手に、自分の幼少期を再演するパターンとしては、自分のことを母親の一部であると感じていた赤ん坊のころの一体感に浸《ひた》ってみる、という方法があります。

これは「融合した」関係と呼ばれ、自己と他者の区別がない状態を意味します。多くの人が恋に落ちて陶酔《とうすい》するのは、この一体感を再体験するからです。やがて自然に自他の区別が芽生えると、一体感は姿を消し、それぞれが別個の存在であることを自覚するようになります。

十分な融合を経験していない人は、自他を区別することに抵抗を感じ、一体感にしがみつこうとするかもしれません。すると問題が生じます。パートナーを別個の存在として見られないと、相手の欲求に真の意味で寄り添うことができないからです。

対人関係において、幼少時の欲求があまりにも幅を利《き》かせてしまうと、自分で自分の欲求のとりこになる場合があります。人によっては相手と別れられなくなったりもします。

パートナーに母親代わりを期待しすぎていて、分離に耐えられるほど精神的に成長していない場合がそうです。

◆不健全な過去をくり返しがち

幼少時の親子関係で身についた不健全なパターンは大人になってからも無意識にくり返される、と多くのセラピストは考えています。頼りにならなかった親と同じように頼りにならないパートナーを選んでしまうのが一例です。そういう人が癒されるためには、自分のパターンに気づいて、セラピーやその他の方法で子どものころの傷と向きあい、今までとは違う愛情関係を選択できるようにすることが必要です。パートナーを母親代わりに見立てて、子どものころに得られなかったものを取り戻そうとしても、たいていはうまくいきません。

こういうケースは珍しいものではありません。むしろ、原体験で負った心の傷を無意識のうちに癒そうとして、人は自分の親と似たような欠点を持つ人に惹《ひ》かれてしまう、という考えを中心に展開しているセラピーがあるくらいです。

たとえば、イマーゴ・リレーションシップ・セラピーのようなカップル療法では、クライエントたちはセラピストの助けを得て、自分たちが直面している問題点をもとに幼少期の心の傷をクローズアップさせ、傷の回復をめざします。イモーショナリー・フォーカスト・カップル・セラピー（訳注：感情にフォーカスしたカップル療法）もまた、愛着の傷を修復するためにカップルの関係性を利用するアプローチです。

こうしたセラピーは、カップルが互いに間違った相手を選んでしまったというより、むしろ傷を癒すために最適の相手を選んだのだ、という考えの上に成り立っています。

次の質問をヒントに、ご自分のパートナー選択パターンを探ってみてはどうでしょうか。

▼子どものころ母親にどんなことを感じていたかを簡単に書いてみましょう。完全な文章にする必要はなく、単語を羅列《られつ》するだけでもかまいません。次に、今まで経験した重要な愛情関係で、どんなことを感じたかを同じように書きだして、母親のときと共通点がないか探してみましょう（重要な愛情関係とは、長期的な関係に限りませんが、心を強く揺さぶられるような関係を意味します）。

▼その人との間で対立やいさかいの原因となったのは何ですか。そこには子どものころの心の傷が関係していますか。

▼幼いころから未解決のままにされてきた事柄や不安定な愛着の問題が、今の関係にどのように現れていると思いますか。

▼今のあなたは、精神的な落ち着きのある、我慢強くて愛情あふれる温《あたた》かい人といっしょに過ごせますか。それとも、気まぐれで、あまり当てにならない人を相手に選びがちですか。

幼少期に満たされなかった欲求は、大人になってから、こんな形で現れる場合があります。

●支えや安心感を過剰に求める
●パートナーが自分の欲求にすぐ応えてくれないと、不安、嫉妬《しっと》、怒りを感じる
●パートナーがそばにいないと耐えられない
●融合した関係、いわゆる「一心同体」の関係を維持しようとする
●パートナーに母親の否定的な性質を重ねあわせる
●パートナーを自分より格上と見なし、自分より賢《かしこ》くて、能力があり、もしかすると自分よりも価値があると感じる
●パートナーにどんなに見捨てられても、助けてもらえなくても我慢するか、子どものころと同じような反応をする
●パートナーに感情的な親密さを期待しない（母親から得られなかったのだから、誰からも得られないだろうと考える）

◆パートナーとの関係が持つ癒しの力

スーザン・アンダーソンは著書『わかれからの再出発』（前出）の中で、安定的な関係にある恋人や伴《はん》侶《りょ》は、安定した愛着関係にある母親が子どもに対して果たすのと同様の機能を果たすことを書いています。どちらの場合も、基本的な帰属感、安心感、絆《きずな》の感覚を与えてくれるのです。成熟した愛情関係について、アンダーソンはこう記しています。

「多くの人々は、自分の主な人間関係のなかでは非常に安心していられますから、正常でいられるのはもちろんのこと、滞《とどこお》りなく、円滑に機能することができます。その人はちゃんとそこにいてくれる、私のためにそこにいてくれる人がいる、そうわかっているからこそ、自分に自信が持てますし、自己管理もでき

ます。満足していられるのです」

こうした関係が絶たれた場合、その人は自信や満足に深刻なダメージを受けるかもしれません。

パートナーとの関係は多くの人にプラスに働いていることはたしかです。現に健康の改善や寿命の延長といった恵みをもたらしてきました。また、そうした関係は煮えたぎった大釜にたとえることもできるでしょう。

愛着の傷を負った人が感情的にぶつかったり揉《も》まれたりしながら、いつしか安定的な愛着を形成し、多くの収穫を得る、そんな場にもなりうるのです。

●安心して抱擁されるためのエクササイズ

パートナーや友だちとできるエクササイズをご紹介します。

これは、自分から要求する必要も見返りを提供する必要もなく、安心できる誰かに、ただ抱きしめてもらうひとつのチャンスです。インナーチャイルドが抱かれている様子をイメージすると、大きな癒しの効果が得られると思います。

どれほど多くの女性が、「ただ子どものように抱っこされたいのに、パートナーは必ず性的な意味を持ちこんでしまう」と嘆いてきたことでしょう。この方法は、そんな幼少期からの欲求を満たすチャンスです。

このエクササイズは、安全で、性的な意味を持たない抱擁《ほうよう》を目的としています。その決まりごとに同意し、守ることのできる人をパートナーに選んでください。

途中で、抱きしめられる側と抱きしめる側の役割を交替するので、どちらから始めるか順番を決めてください。それぞれ抱きしめてもらう時間を設定しておくといいでしょう。二〇分が理想的です。

基本的に、抱きしめる側の人は相手を撫でたり、さすったりせずに、ただ、相手の存在を受け入れるようにしてください。二人とも床に腰を下ろして、「子ども」役の人は前側に座り、「よい親」役の人が壁に寄りかかるようにして後ろから子どもを支えます。どちらの背中にも枕をあてがうと楽でしょう。

身体の接触を和《やわ》らげることもできます。子どもは親の胸にもたれかかり、できるだけ力を抜きます。その子どもを親は両腕で包みこみます。子どもは好きなように姿勢を変えてかまいません。抱きしめられる側はリラックスして、この支えと慈しみを提供してくれる原始的なスタイルを受け入れるようにしてください。その間言葉は交わしません。

役割を交替して同じことを行ったあと、感想を話しあいましょう。

このような実験的なエクササイズに挑戦するだけの勇気とやる気を持っていた自分を、どうかほめてあげてください。

二人ともうまくいって満足できた場合は、ぜひ次回の予定を決めておきましょう。

ある女性は、はじめてこのエクササイズを体験したときのことを語ってくれました。最初のうちは、パートナーに見捨てられるのではないかと不安になり、数分ごとに時計をチェックしていたそうです。一〇分ほど経過して、パートナーがずっとそこにいてくれるとわかってからは力を抜くことができ、自分は抱きしめられている、安心してくつろげる環境に包まれているという感覚を心から味わえるようになりました。自分は「いっしょに過ごす相手」としてふさわしい存在なのだと感じたことは、彼女にとって深遠な、未知の経験だったと言います。

幼いころにこうしたすばらしいひとときを味わったことがなく、自分は母親の心をつかんで放さずにいられるほど重要な存在なのだ、という感覚を知らずに生きてきた人は大勢います。今紹介したようなエクササイズは、心に深く刷りこまれた意識を変えていくのに役立つことでしょう。

◆心の中に携帯用のグッドマザーを

子どもは、心の中に母親のイメージを育て、そのイメージに助けられながら、母親から離れることや自他の意識を確立していくと考えられています。それと同様に、あなたも自分の中に〈グッドマザー〉的人物のイメージを育てて、いわば、携帯用の〈グッドマザー〉をいつでもどこでも連れて歩けるようにしてはどうでしょうか。

そのためには、単に〈グッドマザー〉的な人物にまつわる記憶の断片を寄せ集めてみるだけでもかまいません。でも、そこにとどまらず、その人物の愛と支えを内面化するのもいいでしょう。

私の場合は、担当のセラピストが両手で私の心を抱え、やさしく献身的に私を支えてくれているイメージを持っていました。そのイメージを心の中に取りこむと、自分の一部になるような感じがしたものです。

今でも私は日記の中でたびたび自分のセラピストと対話しています。現実の彼女に合わせているわけではありませんが、日記の中でも彼女はときおり驚くようなことを聞かせてくれます。

〈グッドマザー〉のエネルギーを取りこんで内面化していくプロセスは、単なる精神的、心理的なプロセスではありません。〈グッドマザー〉にまつわる肯定的な感情を存分に味わうためには、身体にも浸《し》みこませる必要があるのです。

ではここで、あなたがもっと育てたいと思っている感情やリソース・ステート（訳注：目標を達成するために役立つ肯定的な状態。自信、勇気、喜びなど）の内面化を助ける、簡単なエクササイズをご紹介します。〈グッドマザー〉的人物のエネルギーを自分の中に取りこむため、あるいは、〈グッドマザー〉の元型にコネクトするために、このエクササイズを利用してもいいでしょう。あるいは、第2章に述べた〈グッドマザー〉の役割の一つにコネクトするのにも役立つはずです。

●リソース・ステートを強めるためのエクササイズ

あなたがもっと深く味わいたい、自分の中に取りこみたいと思うものを意識的に選ぶところから始めましょう。意識を集中させていると、それはどんなふうに現れるでしょうか。

視覚的なイメージとして、または肉体的な感覚として、あるいは聴覚などの別の感覚として現れますか。それらの組みあわせでしょうか。

呼吸や筋肉の状態に何か影響はありますか。温かくなったり、寒くなったりしますか。他の感覚にも変化がありますか。

その感覚を頭のてっぺんからつま先まで行きわたらせることはできますか。

姿勢に何か変化が起きますか。どこか特定の部分が開かれたり、支えられたりするような感じがしますか。

何かの記憶やイメージが心に浮かんできますか。

今体験したこと、感じたことを思いだすきっかけとして何か利用できるものはありますか（イメージや、言葉や、身体感覚の記憶など）。

こうしたエクササイズを頻繁《ひんぱん》に実践すればするほど、より鮮明な結果が得られ、その効果も長続きするようになります。

愛着の対象なり、知恵のある人物なりを内面化しておけば、困ったときに、その人に助けを求めることができます。自分の一部に取りこむことで、しなやかな強さが身に着くのです。

次の章では、このテーマをさらに発展させて、自分の内面に育てていく〈グッドマザー〉についてお話ししましょう。

第10章　自分の分身・インナーチャイルドと

◆「子どもは大人の父」

「子どもは大人の父」という言葉をご存じでしょうか。詩人ワーズワースのこの一節（訳注：“*My Heart Leaps Up When I Behold a Rainbow*”より）は、「子ども時代が人生の土台を築く」ことを意味しています。どのような土台を持つかによって、その後の人生は大きく変わります。しなやかで強い心を持つ子どもは、しなやかで強い心を持つ大人へ成長するための素地になるのです。

残念ながら、私たちの中には、子どものころにそうした強い精神力を育てられなかった人たちがいます。幼心にあまりにも多くの傷を負ったために、傷だらけのまま大人になるのです。

そういう人たちは、普段は心の傷をうまく隠していますが、何かの拍子にそれが顕《あら》わになると、未熟な行動に走ることがあります。

幸い、子どものころの心の傷を癒《いや》すのに手遅れということはありません。あなたの内面に、打たれ強い子どもを登場させて、健康で精神力の強い大人の土台を築き直しましょう。

◆インナーチャイルド・ワークとは

人間は複雑な生き物です。人格は一様でも一定でもなく、さまざまなパーツ（分身）で構成され、それぞれが異なる局面で異なる動きをします。そんな私たちの中に潜《ひそ》んでいるインナーチャイルドもまた、多様な信念、感情、記憶を抱えています。しかも、それらは特定の年齢域に起因している場合もあります。

心の中には、賢《かしこ》いインナーチャイルド、想像力豊かなインナーチャイルド、トラウマや見捨てられの傷を負ったインナーチャイルドなど、さまざまな子どもの分身がいるわけです。あなたが自分自身をほんとうに理解したいと思うなら、そして円満で調和のとれた人間にできる限り近づきたいと願うなら、自分の中のさまざまなインナーチャイルドを知ることが重要です。

インナーチャイルド・ワークには、おもに次のような方法があります。

●誘導瞑想《めいそう》や誘導イメージによって、あるいは催眠トランス状態でインナーチャイルドと出会い、交流する

●子どものころの写真を取りだして、当時の記憶や感情を探る

●人形やテディ・ベアなどを使って、子どものころの感情に近づいたり、自分の中の大人の部分に、インナーチャイルドを守り育てる方法を学ばせたりする

●アートを使って、幼児期の自分に自己表現させる

●インナーチャイルドあての手紙、またはインナーチャイルドからの手紙を書いて、接触を図《はか》る

●日記、セルフトーク（心の中の口癖）、ボイス・ダイアログ・メソッド（心の対話療法）などを使って、大人の自分と子どもの自分を対話させる

インナーチャイルド・ワークは一人でも、ワークショップやセラピーの場でも実践可能です。指導者やセラピストの手ほどきでワークを始めるにせよ、内容をより深めようとセラピーを受けるにせよ、インナーチャイルドとの交流は自宅へ帰ってからも続けたいと思うのではないでしょうか。ここから先は、一人

でもできるワークを中心にお話しすることにします。

私がもっとも実践的、実用的だと思うガイドブックは、さまざまな種類の活動を利用したエクササイズを四〇以上も紹介している、ルシア・カパッキオーネの『インナーチャイルドの回復（*Recovery of Your Inner Child*）』（未邦訳）です。カパッキオーネは、インナーチャイルドとコミュニケーションをとる方法として、アートと文章を大いに活用しています。内面の大人と子どもの違いを際立たせるために、利《き》き手ではないほうの手を使ってインナーチャイルドを表現する方法を確立しました。

ジョン・ブラッドショーのベストセラー『インナーチャイルド』（前出）では、手紙を書くことやアファーメーション（確認の言葉）を利用して子どものころに欠けていた〈グッドマザー〉のメッセージを補う方法がさまざまに紹介されています。しかも、これらの方法は乳児期、歩行期、学童期などの発達段階ごとに分かれている点ですぐれています。

ただし私には、各段階についてのブラッドショーの説明がフロイト的解釈に偏《かたよ》りすぎているような感じがします。マザーコンプレックスなどの理論的なフィルターをかけずに、さまざまな発達段階のインナーチャイルドと彼らの欲求に応えることは可能ではないでしょうか。

私たちはたいていの場合、インナーチャイルドを意識せずに過ごしていますが、そんなときでも、私たちの中にインナーチャイルドは同居しています。そして、子どものころに経験した感情や欲求を持ちつづけています。

そこには、一〇代のようにかっとなったり、二歳児のようにかんしゃくを起こしたり、甘えたくなったり、不安に駆られたり、自分を落ち着かせる行為に執着したり、未熟で傷つきやすいと感じたりしている自分がいるのです。

自分がその気になりさえすれば、そうしたさまざまな側面に気づき、識別できるようになります。するとインナーチャイルドと意識的な関係を結ぶことができ、選択の余地が生まれるのです。

「どこまでいってもインナーチャイルドとは別れられないのだから、ワークによって、インナーチャイルドを幸せで健康にすることをめざすべきだ」という考えがあります。その一方で、「ワークの理想は、インナーチャイルドを大人である自分に統合していくことだ」という考えもあります。

私にはとくに好みはありません。どちらの考えも優《すぐ》れていると思います。自分の中にいつまでも甘えん坊で怒りっぽい子どもを持ちつづけるのも、子どものポジティブな側面を大人の自分に取りこむのも、ともにすばらしいことではないでしょうか。ただし、インナーチャイルド・ワークを続けていると、明らかに変化が生じてきます。

子どもは欲求が満たされて成長していくものですが、それと同じように、インナーチャイルドも未解決だった欲求が解決されたとき、成熟していきます。満たされない思いを抱えて堂々巡《めぐ》りをしていた分身たちは、影をひそめるか消滅し、その一方で、別の分身たちがかけがえのない贈り物をたずさえてやってきます。

その贈り物とは、たいていの場合、子どものころに置き去りにしてきた性質であり、ようやく今、取り戻すことのできる性質なのです。

◆自分で自分のベストマザーになる

有名なユング派の精神分析家であるマリオン・ウッドマンは、「人生の初期に愛されなかった子どもは、自分の愛しかたを知らない。みずからの内に棲むロストチャイルドを慈《いつく》しみ、養育する方法を、大人になってから学ばなければならない」と述べています。

その学びは段階的に進みます。徐々に身についていくものなのです。女性は自動的に子育ての方法を知っているというより、母性本能と意識を呼び覚まされて、次第に母親になっていきます。それと同じように、インナーチャイルドと絆《きずな》を結び、積極的にその子の「母親になる」ための能力は、私たちの中で眠りから覚ます必要があるのです。

その行程に取りかかると、最初は抵抗を感じたり、いくつもの障害にぶつかったりするかもしれません。第一の障害は自分にはできないと感じることです。十分な養育を受けなかった人は、自分にはどうしたらいいか皆目《かいもく》見当がつかないと思いがちなのです。

なんとなく落ち着かないし、何を言えばいいのか、何をすればいいのかもわからない、不自然なことを試すなんて、うさん臭い感じがする……となれば、そこで立ち止まってしまうとしても不思議はありません。

第二に、首尾よく自分の中のマザリング不足の分身たちとつながることができたとしても、心ならずも分身たちをほったらかしにしてきたと知って、罪悪感《ざいあくかん》に打ちひしがれるかもしれません。わざわざ誰かを傷つけて心に鋭い痛みを感じたいという人はいないものです。

さらには、母親が自分の心の傷を掘り起こしたくないばかりに、無意識のうちにわが子と距離を置いてしまうように、私たちも、自分の中にいる子どもの分身たちへの接触に腰が引けてしまうかもしれません。封じこめてきた心の傷を顕わにするなんて、代償が大きすぎると感じるからです。

そうした苦痛に加えて、乗っ取られるのではないかという恐怖もあります。自分の一部を無意識の領域に押しこめてきた私たちは、封印を解くことで、その押しこめてきたものに圧倒されてしまうのではないかと、しばしば不安に駆られます（これは抑圧された怒り、寂しさ、セクシュアリティなどに関して言えることです）。

それと同じように、インナーチャイルドの要求に対しても恐怖心が働くかもしれません。こちらの手に余るほど大きな要求だったらどうしよう、打ちのめされるかもしれない、いや、自分自身を乗っ取られてしまうのではないか、と。

相変わらず無意識のうちに自分をマザリング不足の子どもと同一視しているとすれば（その状態を長年続けているとしても不思議ではありません）、自分自身を豊かな恵みを湛《たた》えた泉のような存在と感じるよりも、すっかり干上がってしまった涸《か》れ泉のようにしか感じないでしょう。

「自分が満足できていないのに、どうして誰かに与えることなどできるだろう」と思うのです。

▼次のうち、あなたの中にある障害はどれでしょうか。

●自分自身の母親になれるとは思えない

●もっと早くインナーチャイルドに気づいてやれなかったことに罪の意識を感じる

●ふたたび傷つきたくないから、自己防衛に走りたくなる

●抑圧されていたあらゆる感情に圧倒されることが怖い

●自分は誰かに与えられるほど十分に満たされていないと感じる

▼それらの障害を解消するためには、どんなことが役立つと思いますか。

自分のベストマザーになるためにもっとも重要な一歩は、自分には無理だという思いや恐怖心、自己防衛へ走りたくなる気持ちを乗り越えること、そして心を柔軟にすることです。開かれた心は、愛することのできる心なのです。

きっとあなたのインナーチャイルドが助け船を出してくれるでしょう。子どもという「愛情の銀行」は、あなたが愛を注げば注ぐほど、その愛に利子をつけて返してくるのです。

子どもは本来、愛情豊かな存在です。心の中の愛されなかった子どもに、あなたがほんの一しずく愛を

ふりかけるだけで、その子は愛で応えてくれるでしょう。孤児のような分身や片隅へ追いやられた分身にはじめて接触してみると、驚くほど彼らが愛に対して敏感で、純粋な子どもの心を持っていることがわかるはずです。

もちろん、いつもそうとは限りません。インナーチャイルドの中には、最初は不信感を顕わにする子もいるでしょう。母親に何度も心を傷つけられ、裏切られてきた子どもが、そうやすやすと両手を広げて母親を歓迎しないように、インナーチャイルドも同様の反応を示すかもしれないのです。

そんなときは、信頼を勝ち取るまでには時間がかかるということを覚えておきましょう。どうか諦《あきら》めずに、インナーチャイルドにくり返し手を差しのべる努力を続けてください。

自分を育てることが上手になってくると、幼いころの環境で体験したのと同じような反応が心の中に引きだされるかもしれません。たとえば、父親が誰に対しても「甘え」ややさしさを嫌う人だった場合、今、あなたが自分をいたわりはじめると、父親そっくりの心の声が聞こえてくるかもしれません。

それが自分の本心ではないときには、惑わされないように注意が必要です。あなたの中でゆっくり育ちはじめている〈グッドマザー〉を、しっかり支えられるようになりましょう。

マザリング不足のまま成長し、自分も母親になった女性は、こうした心の中の勢力とたたかってきた人が多く、わが子には自分と同じような思いはさせまい、絶対に見捨てたりしない、という強い思いを意識の奥深くに秘めています。

よい母親になりたいという一心で、手本になりそうな人を探してみたり、本を読んだり、誰かに助けを求めたりして、懸命に努力を重ねるのです。彼女たちは何もせず自動的に母親になれるとは思っていません。

自分を育て直す場合もそれと同じように、たとえ最初は自然に感じられないことであっても、積極的に学び、身につけていこうという努力が必要です。模範を探し、本を読み、助けを求めること、そして自分の中にもともと存在しながら使われてこなかった能力を呼び覚ますことが重要なのです。

マザリング不足の人たちの中には、皮肉にも、きょうだいや配偶者の世話をする役割を引き受けてきた人も大勢います。

そういうクライエントには、他者の面倒を見ていたころのことを思いださせ、その記憶をもとに心の中に慈愛に満ちた親を育てていくというセラピーがありますが、これは、セラピーに頼らず、自分でも実践できることです。

誰かの面倒を見ている、守っていると感じていたころのことや、実際に世話をしていたころのことを思いだしてください。その感覚を全身に行きわたらせて増幅させましょう。当時は抑圧していたかもしれない、あなたの本質を、今、思いきり味わってください。

心の中の傷ついた子どもをやさしく育てることのできる大人の自分を感じとるのです。そのときあなたの身体には、どんな感覚が生じてくるでしょうか。あとからいつでも思いだせるように、インナーチャイルドの養育者の役割を果たしている自分のイメージをしっかり心に刻《きざ》みつけてください。

インナーチャイルドとコミュニケーションをとるには、最初のうちは努力が必要かもしれませんが、続けていると、やがては習慣のように生活の一部になっていくはずです。重要なのは最初にどのような意識で臨《のぞ》むかです。腹立たしげにあなたに接していた母親の二の舞を演じないようにしましょう。子どもはあなたにとって喜びであって、お荷物ではないのですから。

幸いにも、インナーチャイルド（たち）のよき母親になろうとすること自体に、プラスの効果がありま す。ある女性は自尊心が高まったと語ってくれました。相手に思いやりと愛情を傾けることは気持ちのよいことですし、良好な関係を確立できれば、その相手であるインナーチャイルドからたくさんの愛情が戻ってくるのです。

◆インナーチャイルドを安全な場所に

癒しのプロセスは、心の中で長らく連絡を絶っていた分身たち、つまり自分の中の子どもの断片を見つけだすことから始まります。

それらの多くは、安全な環境に置かれていなかったためにばらばらに分散しています。ですから、その断片たちには、あなたと一緒にいるのは安全だということ、状況は変わったのだということを知らせなければなりません。

自己催眠（深いリラックスと受容の状態）によるワークを提唱しているセラピストのナンシー・ネイピアは、著書『あなた自身を再生するには（*Recreating Your Self*）』（未邦訳）の中でこう述べています。

「インナーチャイルドを現在に連れてくること、それがプロセスの重要な部分です。時間感覚のない無意識の中に棲《す》むインナーチャイルドは、幼少期の環境を現在であるかのように感じています。現在の状況を機能不全だった当時の環境と結びつけている限り、今は別の場所であなたと暮らしているということに気がつかないのです」

インナーチャイルドを現在につなぎとめておけるように、安心感にはとくに注意を払う必要があります。インナーチャイルドと愛情あふれるインナーペアレントが確実な母子関係を築くことによって、その子は過去と決別し、幸せな家庭生活を送れるようになるからです。そのためには、インナーチャイルドの声に敬意と共感を示しながら耳を傾け、アートや対話などを通じて自由に自己表現させてあげなければなりません。

ですからあなたも、自分のインナーチャイルドが安心感を得るために何を必要としているか、対話の時間をつくり、尋《たず》ねてみるといいでしょう。

◆いっしょの時間を過ごしながら

傷だらけの過去からインナーチャイルドを引き離すことができたら（とても簡単に成功する場合もあります）、子どもにとってさらにやさしい環境をつくりだしましょう。

単にインナーチャイルドと対話したり、ゆったりとくつろいだりするだけでなく、その子の好きな活動を取り入れてもいいでしょう。たとえばインナーチャイルドが外遊びの好きな子なら、ときどき出かけるようにするのです。

乗馬やローラースケートなどは心のふれあいに向いているかもしれません。そういう活動に携《たずさ》わっていると、自分の中の子どもの部分と溶けあっていくような感じがするときがあります。それでいて、大人の部分をしっかり意識していたりもします。

大人の部分を保つことは、インナーチャイルドを見守るという意味でも、その子と絆を結び、育て直すという意味でも好ましいことです。

こうした活動と同じくらい効果的なのは、きちんと時間を設《もう》けて想像の世界でインナーチャイルドの欲求を満たしてやることです。ある女性は、毎日、三人のインナーチャイルドの一人ひとりと過ごす時間をつくり、現実にその年齢の子どもに対してするような世話をしています。

赤ん坊のインナーチャイルドを入浴させ、抱きしめる、一〇代のインナーチャイルドを買い物に連れていく、といったことを想像するのです。それぞれのインナーチャイルドは、安定した温《あたた》かな家庭で育つ子どものように、すくすくと育っているようです。その女性自身のマザリングによって癒されているのです。

あなたも今からインナーチャイルドを世話することで、おろそかにされていた子ども時代の心の傷を癒してはいかがでしょうか。

◆グッドマザー・メッセージを伝える

第1章で挙げた10項目の〈グッドマザー〉メッセージをここでもう一度くり返したいと思います。心の中の子どもたちのよき母親になるために役立つものだからです。

その子の存在を感じられるようなもの（人形や写真などその子をイメージさせるもの）を選んだら、実際、声に出して語りかけてください。

インナーチャイルドが他よりも敏感に反応するメッセージや、あなたにとって口にしづらいメッセージはありますか。あるとすれば、それこそが、あなたが集中的に取り組みたいと思うようになるメッセージです。

未知の世界へ入るとき、私たちは慎重に足を踏みだすものです。向きあう対象がポジティブな性質であっても、なじみのないものであれば、同じことが言えるでしょう。対象に慣れる必要があるのです。自分の中に浸透していくように、十分な時間とスペースを与えなければなりません。

肯定的な経験を存分に味わうことによって、リソース（訳注：自分にとってプラスに働く性質）の一つとして自分の中に蓄えるのです。一つひとつのメッセージにどう反応するか、身体に意識を向けましょう。感受性を高め、自分の反応に意識を集中できるようにリラックスした状態で、インナーチャイルドに次のメッセージを伝えてみてください。

① ママはあなたがいてくれてうれしい
② ママはあなたを見ている

③あなたはママにとって特別な存在
④ママはあなたを尊重している
⑤ママはあなたを愛している
⑥あなたが何を求めているかはママにとって重要なこと。だからママに助けを求めて
⑦ママはあなたのためにいる。あなたのためなら喜んで時間をつくる
⑧ママはあなたを守る
⑨ママのそばでくつろぎなさい
⑩ママはあなたといると楽しい。あなたは私を元気にしてくれる

これだけではありません。自分でも〈グッドマザー〉のメッセージをつくってみてはどうでしょうか。この語りかけを特定のインナーチャイルドに対して行う場合には、メッセージはさらに具体的なものにするといいでしょう。その子がどんなことを聞きたがっているか、尋ねてみてください。

もう一つのエクササイズは、インナーチャイルドからの確認のメッセージをつくることです。いくつか例を示しましょう。

❶ママは私に与えること、私を助けることが大好き
❷何かが必要なとき、ママはすぐに助けてくれる
❸ママは私を誇りに思っている
❹ママは私のことが好き！

これは一度限りのワークではありません。頻繁《ひんぱん》に、積極的にワークを重ねるほど、インナーチャイルドはあなたの内面に根をおろし、新たな土台の一部になっていくのです。

●インナーチャイルドに手紙を書くエクササイズ

しばらくの間誰にも邪魔されない時間を設けて、ワークのしやすい落ち着いた雰囲気をつくりましょう（ゆったりした音楽をかける、キャンドルに火を灯す、電話を切る、特別な場所へ行く、など）。少しだけ瞑想で意識を集中させたあと、インナーチャイルド宛の手紙を書きましょう。何人かのインナーチャイルドがいるなら、特定の子に宛ててもいいし、特定の年齢を想定してもいいでしょう。書くのは普段の大人のあなたです。あるいは、その子にとって面倒見のいい親になれそうな、あなたの中の性質を意識しながら書きましょう。その子が経験してきたことについて、あなたがどんなふうに感じているかを伝えてください。〈グッドマザー〉のメッセージを含めたほうが自分の本心が伝わると思うなら、ぜひそれも書きましょう。

◆愛されなかった子をどう癒すか

マザリング不足のまま成長した人にとって育て直しの焦点になるのは、たいていの場合、愛されなかった子をどう癒すかということです。もちろんそれ以外にも「導く」「励ます」「守る」「つなぎとめる」などのニーズがあるでしょう。そうしたニーズを満たすことも愛されなかった子を癒すための努力の一部ですが、何よりも重要なのは、温かさと思いやりに満ちた絆を結べるかどうかです。

どんな子もそうであるように、インナーチャイルドは愛される必要があるのです。

あるインナーチャイルドが私に抱きしめてほしい、と言ってきたことがありました。何をするでもなく、ただじっと抱いていてほしいのだ、と。その子はやさしいママに「包まれて」いたかったのです。インナーチャイルドの中にはとても傷つきやすく繊細な子たちがいますが、そういう子たちは、成長するためにやさしい抱擁《ほうよう》を必要としています。

インナーチャイルドに母親らしい愛情を示すためには、その子の代わりに触れるものを用意するといいでしょう。たとえば人形やぬいぐるみです。柔らかい感触のものは抱いたり撫《な》でたりするのに最適ですし、あなたの涙を吸い取ってくれるでしょう。

人によっては、人形と添い寝したり、赤ちゃん用の抱っこひもで身体にくくりつけたりもします。たいていの人は、少なくとも抱きしめる、話しかけるといったことをするようです。

最初に出会うインナーチャイルドの年齢域はたいていの場合、三〜六歳ですが、それ以外の年齢の子が現れることもあります。インナーチャイルドに働きかけていると、しばしば、非常につらい感情がよみがえってきます。たとえ自分がどんどん幼くなっていくように感じるとしても、そうした根源的な傷と向きあおうとすることは、あなたの強さの現れなのです。

◆心の大改造になる

インナーチャイルドに〈グッドマザー〉メッセージを伝える、誰かから〈グッドマザー〉メッセージを受け取る、そして自分の内面に〈グッドマザー〉を育てる――こういったことは、インナーチャイルドの欲求を満たしてくれるばかりではなく、文字どおりあなたの心を改造することにもなります。

つまり、あなたの意識の構造を変え、自分自身や世界に対する信念を変えるのです。

心の中に〈グッドマザー〉を育てていくと、あなたの意識に大きなフィルターをかけていた口やかましい親の声に代わって、〈グッドマザー〉の声が前面に出てきます。批判的な親の声に縛《しば》られたままでいる限り、あなたは他者に対しても（少なくとも心の中で）同じように接するでしょう。

つまり、短気で、批判がましく、人に心を開けずにいるということです。もちろん自分自身に対しても同様です。あなたにも心当たりがあるのではないでしょうか？　そうだとすれば、むしろ愛情というフィルターを通してこの世を眺めるほうが、ずっといいとは思いませんか？

〈グッドマザー〉のエネルギーに心を開けば、このように収穫は多いのです。時間はかかっても、やるだけの価値はあります。心の中をつくり直す——それはあなたが手がけることのできる最大の改修工事なのです。

第11章　さらなる癒しを求める実践的アプローチ

◆心の隙間を感じたとき

マザリングの傷を癒《いや》すための方法をいろいろと紹介してきましたが、個々のニーズを踏まえたうえでの主体的なアプローチにもふれなければ十分とは言えないでしょう。

次のことを考えてみてください。

① 誰もが、子どものころに不在だった〈グッドマザー〉の代わりになってくれる人に出会えるとは限らない

② 誰もが、幼少期の心の傷や満たされなかった欲求を意識したうえで、その解消に積極的に取り組んでくれるパートナーを持つとは限らない

③ 誰もが、太母や大地の母といった母性の元型に魅力を感じたり、ワークに取り入れようとするわけではない

④ 誰もが、心理療法を受けられる環境にあるとは限らない。あるいは受けようという熱意や意志があるとも限らない

⑤ 誰もがインナーチャイルド・ワークを受けつけるとは限らない

⑥ とはいえ、「誰でも」この章に述べるような視点に立つことができれば、未解決の欲求を主体的に探り当て、それらを満たしていくことは可能である

マザリング不足の子どもにとって、母親の不在で生じる心の隙間は宇宙のように広大なものに感じられるでしょう。大人になってからその隙間を再発見したときも、とうてい埋めようがないもののように感じるかもしれません。

重要なのは、その感覚の正体を突き止めて、埋めあわせは可能だと気づくことです。覚えておきましょう。心の隙間とは、必要なサポートを得られなかったせいで、収まるべきピースがまだ収まっていない場所にすぎないのです。

果てしない底なし沼などではありません。〈グッドマザー〉の機能のうち特定の要素が欠落していたことを示しているだけです。それ以外の場所には陸地が広がっているではありませんか。ところどころに足りない部分がある一方で、立派に成長できた部分もあるのですから、あなたの中にはしっかりした本物のピースが存在しているわけです。

自分には何があり、何が足りないのか、あるいは、どんなところが成長不足なのかを感じ取ることが重要です。

次に挙げる10項目は、私たちのすべてが子どものころに抱えていた欲求です。ご覧のとおり、第2章で述べた〈グッドマザー〉の10の機能とその大部分が重複しています。

① 自分はどこかに所属している、あるいは大きな世界の一部であると感じたい
② 他者と安定的な愛着を形成したい。そして自分の弱さや欲求をさらけだしてもいいのだ、と安心したい
③ ありのままの自分を認めてもらいたい。自分の気持ちに共感してもらいたい（ミラーリング）
④ 自分の欲求に合った助けや導きがほしい

⑤ 励ましや支えがほしい。誰かが後ろで支えていてくれると感じたい
⑥ 誰かに模範《もはん》になってほしい。そして成功するために必要なスキルを教えてほしい
⑦ タイミングよく欲求を満たしてほしい。動揺したときには慰《なぐさ》め、落ち着かせてほしい。それによって、自分でも自分をなだめ、精神のバランスを取り戻せるようになりたい（自己調整能力）
⑧ 安全で安心していられるだけの保護がほしい
⑨ 自分のこと（限界、欲求、感情など）を尊重してほしい
⑩ 自分は愛されている、大切に思われていると感じたい

その他にもう一つ「自分には価値があると感じたい」という普遍的な欲求がありますが、このリストには含めませんでした。なぜなら自己価値感は、これらのすべての結果であり、どれにも付随してくるからです。

たとえば、肯定的な価値を認められているものに自分が属していて、その一部であると感じられれば、自己価値はおのずと付いてきます。また安定した愛着からも自己価値は生まれるでしょう。相手のミラーリングによって、自分のすべてを知り、受け入れることができたときもそうです。

誰かが導き、支え、励ましてくれれば、大切に思われていることがわかるでしょう。また、誰かがつねに守ってくれるときも、自分はその人にとってかけがえのない存在だと気づきます。相手が敬意を持って接してくれるときも、また然《しか》り。

そしてもちろん、愛されることによって、自分は愛されるに足る存在であり、自分には価値がある、という感覚がもたらされるのです。

●**未解決の欲求を探り当てるエクササイズ**

先ほどの10項目の欲求が、子どものころにどれくらい満たされていたか、そうでないか、そして今はどうかを考えてみましょう。次のように点数をつけてみるのもいいかもしれません。

1点――ほとんど満たされていなかった（いない）
2点――やや満たされていなかった（いない）
3点――まあまあ満たされていた（いる）
4点――十分に満たされていた（いる）

ただし、このエクササイズの目的は、満たされずにいる欲求をリストアップすることにあります。

◆自分に欠けているピースを探す三つの方法

不在だった母親のことを振り返って、心の隙間の大きさに打ちのめされているよりも、その感情から一歩下がったところで、自分には具体的に何が足りないかを見きわめ、隙間を埋めるのに必要なものを探しはじめるほうがいいでしょう。

ジーン・イルズリー・クラークとコニー・ドーソンは共著『育て直し（*Growing Up Again*）』（未邦訳）の中で、心の隙間は一つひとつ癒していくしかないと書いています。

「手っ取り早い解決法などありません。魔法の杖《つえ》を一振りするように、必要なスキルをどこかから拝借できたり、自信や自尊心を取り戻せたりはしないのです。自分の力で少しずつ、内面から築いていかねばなりません」

そのためにはまず、自分には何が足りないのかを知ることが必要です。たとえば、子どものころにほとんど親の励ましを受けず、今でも新しいことや苦手なことに挑戦したがらない傾向があるのを自覚すれば、「私にはどんな支えが必要なのだろう」と自分に尋《たず》ねることもできるのです。

また、自分はどこにもつながっていない、所属していないと感じているなら、人間関係を築けそうな場所を探し、そこで帰属意識を育ててみることもできます。自分の居場所が見つかりそうな仕事やボランティア活動に携《たずさ》わるという方法もあるでしょう。

こうしたことの多くは内と外の両面で進行します。もっと愛されれば自分は成長できるはずだと感じているなら、愛情のある人間関係を築くにはどうすればいいかを考え、それと同時に、自分自身への愛情を育てるにはどうすればいいかも考えるべきなのです。

ここで強調したいのは主体的に動くことの重要性です。一般に、自分に欠けているピースを探す方法は三つあるのではないでしょうか。

- 何が欠けているかを知って、直接的にそれを求める
- 求めているものが簡単に手に入りそうな相手や状況を探す（たとえば、身体接触が安心して受けられそうな場を探す）
- 欠けているものを自力で満たす

私の場合、相手にやってほしいことがはっきりしているときには、こちらの要望を明確に（高飛車《たかびしゃ》にならないように）伝えるようにしています。するととてもうまくいきます。

ときには、相手の「セリフ」まで用意して（たいていは冗談めかしながら伝えて）、本心から同感できる場合だけ、そのセリフを言ってほしいと依頼するのです。たいていは「もちろん本心から言えるよ」と答えて、こちらが頼んだとおりに口に出してくれます。

一方、相手がこちらの望む方向に進まずに脱線を始めたときには、やんわりと修正することもあります。たとえば、次の本の構想をけなされたり、無謀《むぼう》だと言われたりしたくないときには、今は支えが必要なのだと伝えます。こちらが聞きたいのは、「それはすばらしいアイデアだね。応援するよ」というような言葉なのだ、と。

抱きしめてほしいとき、共感してほしいとき、言葉で励ましてほしいとき、それを誰かに伝えられるなら、あまり無力感を抱くことはないはずです。それに、「埋めようのない」隙間だらけの人間と思われずにすむという利点もあります。

際限なく要求を突きつけてきそうな人間という印象を与えれば、相手は及び腰になるでしょう。要求は具体的であるほど、相手の警戒や動揺を誘うおそれは少ないのです。

◆「支えがない」と言う人へ

支えがないというのは、情緒的なかかわりの希薄な親を持った子どもに共通する感覚の一つです。何かを頑張ろうというときに支えてくれる人も、その頑張りがうまくいかなかったときに支えてくれる人もいなかったことを示しています。

幼いころ、「あなたならできる!」「大丈夫、私がついているから」と鼓舞《こぶ》してくれるチアリーダー役が身近にいなかったのです。本来なら母親がその役割を務め、父親やそれ以外の人が加勢するという形が理想でしょう。

「あなたの力を信じている」と言ってくれる人が身近にいなければ、子どもにとって自分の力を信じることとはむずかしくなります。

自分には支えがないという感覚は、通常どおりの自信が育ちにくいことも意味します。そういう人は自分に必要なピースが欠けているように感じるでしょう。たしかにそうなのです！　安定した支えがなかったために、育ち切れなかった部分があるわけです。だから、自分にはできる、心の中に支えがあるという感覚がいまだに不足しています。

何かと弱気になったり、自分には無理だと思ったり、不安になったりします。そういう人は心の中でこんなふうにつぶやいています。「この問題は大きすぎる。自分の手には負えない」「自分は一人ぼっちだから、とても太刀打《たちう》ちできない」

何か新しいことに取り組んでいて、結果がどうなるかわからない場合、あるいは難題に直面した場合、支えがないことは問題になります。ある種の「挫折《ざせつ》」を経験したときにも支えの必要性が浮上します。

自信のない自分を責めたて、なぜ他の人たちのように強引になれないのかと首をかしげているよりも、幼いころにどれほどの支えがあったか、あるいはなかったかを考えてみるほうがよさそうです。

次の質問は、母親に限らず、あなたの養育者だった人たちに広く当てはまるように工夫してあります。

▼あなたが参加する活動や行事を、親はどれくらい頻繁《ひんぱん》に見にきましたか。どんな感想を口にしましたか。身ぶりや態度から何が伝わってきましたか。活動や行事に来てくれたことで、あなたは支えられていると感じましたか。

▼あなたが達成したことに対して、親はどんな反応を示しましたか。成果を認めてほめてくれましたか。

▼成果がどうであれ、ただあなたがあなたらしく生きているかどうかを、そして試行錯誤は成長につきものだということを、親が理解し支えてくれているという感覚はありましたか。

▼あなたが恐怖や不安や力不足を感じているとき、親はどのように反応しましたか。気持ちが少し落ちこんで、誰かの思いやりがほしいと感じたときはどうでしたか。

▼困ったときは親に助けを求めればいいのだ、という感覚はありましたか。

ここでもまた、家族に代々受け継がれてきた伝統が幅を利《き》かせています。自分の親に支えられなかった部分は、自分自身やわが子に対しても支えてやろうとしない、もしくは支えになることができないのです。しかも一般的に、その原因は親もまた自分の親から支えられなかったことにあります。ならば私たちはわが子の支えになろうと決意することで、悪循環を断ち切ろうではありませんか。

◆支えを見つけるのに役立つ方法

支えがないから自信がないというパターンを覆《くつがえ》したければ、まず自分のニーズが何なのかを調べ、支えはあるという感覚を育てていく必要があります。また、支えを差しだされたときに自分がどれほど受容できるかにも注目すべきです。幼いころに支えられることを十分に経験しなかった場合、たいていは心に防壁を築いているため、人の助けを受け入れにくくなっています。

セルフヘルプの本でもセラピーでも、必要なときに必要な支えを得られるという感覚を強くするためのアプローチがたくさん紹介されています。ここでは私が有用だと思う方法を挙げておきます。

①　誰かに助けを求める

選択肢の一つというより必要不可欠なスキルです。何らかの支えや励ましが必要なとき、きちんと助けてくれそうな人に助けを求めることができなければなりません。

②　その人がいないときでも、支えてくれるところを想像する

助けてくれそうな人の都合がつかないときには、助けを求めるプロセスを想像しましょう。心の中でも日記の中でも対話が役立ちます。その人が言ってくれそうなことを思い描くのです。相手は〈グッドマザー〉的な実在の人物でも、架空の相談相手でも、自分の中のハイヤーセルフ（高次元の自己）でもかまいません。

③ 支えになりそうなシステムを探す

サポートグループ、講座、ワークグループ、エクササイズ仲間など、特定の状況で助けになってくれそうな集まりに積極的に参加する、あるいは、そういう場をつくることが重要です。自分なりの目標やご褒《ほう》美《び》をどう設定するか、そして、役に立ちそうな日常的な取り組みや学習環境とは何かを考えてみてください。

④ 一歩下がって、自分を客観的にとらえる

自分のほんとうの能力を知りましょう。十分な支えがないというのは結局、感覚にすぎません。現状に対応する能力にではなく、その感覚に意識を向けている限り、自分には無理だという感覚からは抜けられません。

⑤ インナーチャイルドを支える

恐怖や不安にとらわれているのはたいていインナーチャイルドですから、自分の中の〈グッドマザー〉にインナーチャイルドと対話させましょう。子どもが感じている不安に耳を傾け、共感を示し、抱きしめ、大丈夫だよと語りかけるのです。

⑥ **ポジティブなメッセージを自分に聞かせる**

いつも気持ちがへこむようなメッセージを自分に聞かせているとしたら、これからは、ポジティブな言葉に置き換えてください。「こういう場合〈グッドマザー〉なら何と言うだろう？」と自分に尋ねてみましょう。

たとえば、次のようなメッセージを自分に聞かせてみてはどうでしょうか。

●私はあなたを信頼している
●私はあなたができると知っている
●私は何があってもあなたを支える

⑦ **想像の世界で実現する**

必要な支えを手にしているところを想像しましょう。なるべく鮮明にイメージしてください。難問をすいすいと解決していく自分を思い描きましょう。

⑧ **怖くてもやってみる**

これはむずかしいと感じることであっても、思い切って飛びこむとうまくいくときがあります。取り組むこと自体があなたの支えになりますし、ましてや少しでも前進があれば、なおさらです。おじけづいて引きこもってしまえば、恐怖に勝ちを譲《ゆず》ることになり、次もまた恐れを言いわけにするでしょう。

⑨ **身体を味方につける**

誰もが自分の身体を資源と感じているわけではありませんが、じつはすばらしい財産なのです。たとえば自分の骨格を感じてみると、しっかりとした実体感が得られます。唇をきゅっと結ぶというような、ちょっとした動きでも役に立ちます。筋肉を動かすのは気持ちがいいものです。エクササイズなどで体を動かしてみると、自分は無力だという感覚の呪縛《じゅばく》から解放されやすくなります。

マザリング不足の人たちにとっては、この支えの問題はしばしば継続的な取り組みを必要とします。それでも、やるだけの価値はあります。人に助けを求める、人の助けを受け入れる、ということを学び、また少しずつ自分で自分を支えられるようになると、以前より楽に前進している自分に気づくでしょう。もうかつてのような制約はなく、生きづらさも和《やわ》らいでいるはずです。

◆もっと自信をつけるには

自信とは何でしょう。そしてどこから来るのでしょうか。

自信は一〇〇かゼロかというものではなく、特定の何かには他より大きな自信を感じたり、その逆だったりします。

たとえば、対人スキルには自信を感じるが、コンピュータに関してはそうでもない、とか、意思決定は楽にできるが、自分の望みをがむしゃらに追求していくほどの自信はない、などです。

私が観察していて気づいたのは、自信は行動とより密接に関連している（そしてスキルや出来栄《ば》えに影響される）場合と、他者への安心感と関係している場合があることです。養育者が能力を偏重する人だと、その子どもの自信は行動に縛《しば》られるようになります。

一方、未熟なスキルだろうとけなされることがなく、むしろ存在を丸ごと愛されていると感じている子どもにとって、能力の高い低いはさほど重要ではありません。安定した愛着を形成しているので、素直に「どうやればいいかわからない」と言い、好奇心を持ってものごとに接します。

未熟だろうとなかろうと、子どもの能力はミラーリングを必要とします。それによって子どもは自分を知ることができるからです。ミラーリングがないと子どもは、往々にして自分には能力がないと感じるようになります。

大人である私たちが、他者の評価を基準に自信を高めたり、喪失《そうしつ》したりするとすれば（結果の良し悪しを基準にする場合と同じく）、それは間違いと言えるでしょう。けれども、子どもが自信を築くには、養育者との安定した愛着という土台を必要とします。

安定した愛着は子どもに、自分には居場所があるという感覚や、誰かに価値を認められ、大切にされているという感覚、自分はこの世に存在してもいいのだという感覚を与えてくれます。

自信とは、自分をさらけだして表現する勇気とも言えるでしょう。誰かの支えがあれば、その自己表現も楽にできるのです。

自分には何が必要かを一つひとつ検討していくと、そのほとんどに自信がかかわっていることがわかるでしょう。自分が必要とされていると感じるとき、集団に受け入れられて心地よさを感じるとき、自信は生まれます。

自分という存在がありのままに認められ、敬意を示されているときもそうです。誰かに励まされ、ほめられれば、私たちは自信を強めます。必要なとき必要な助けや支えが得られるとわかっていれば、やはり自信がつくでしょう。

体調や気分の浮き沈みを整え、心身のバランスを取り戻すことができれば、それもまた落ち着きと自信を育ててくれるでしょう。

あなたもインナーチャイルドに尋ねてみてください。もっと自信をつけるには、何が必要だと思うか、と。すると、安心感が必要だ、愛されている実感がほしい、こんなことができるのかと大喜びしてほしい、長所を認めてほしい、といった答えが返ってくるかもしれません。

あなたはもっと自信をつけるために何が必要だと感じますか。

◆感情の大海原を泳ぎきれるように

人間は本来、感情の世界に生きていますが、マザリング不足のまま育った人の中には、その感情の世界に居心地の悪さを感じている人たちもいます。感情の大海原を無事に航海できるようになることは、この世で人間らしく生きていくためには重要な要素です。

心理カウンセラーのジョン・ブラッドショーは、どれほど多くの人が感情の世界から切り離されているかについて、こう書いています。

「機能不全の家庭に育った子どもたちは、情動を抑制することを次の三つの方法によって教えられます。まず第一は親の反応がないこと、また子どもの心に共感しないこと。二番目は情動の区別や表現方法についての健全なモデルがないこと。そして三番目として、情動を表すことによって実際に辱《はずかし》めや罰を受けることです。（中略）情動が禁止された時期が早ければ早いほど、ダメージは深くなります」（『インナーチャイルド』）

このように幼くして感情の世界から切り離されてしまうと、取り戻すのにはかなりの学習を要します。自分自身にかけた「スティルフェイス」の呪文《じゅもん》を破り、心の動きを見えるようにしなければなりません。

他よりも表に出しにくい感情もあるでしょう。親から大目に見てもらえなかった感情は、そのことで受けた心のダメージを癒さない限り、自分でも大目に見ることができません。

●あなたのレパートリーを広げるエクササイズ

▼次のうち、あなたにとって、もっとも受け入れがたく表現しづらい感情はどれですか。

●心の痛み　●誇り　●失望
●寂しさ　●当惑　●後悔
●喜び　●憎しみ　●羨望《せんぼう》
●怒り　●欲望　●嫉妬《しっと》
●恐れ　●愛　●自信
●心の脆《もろ》さ　●畏《おそ》れ　●幸せ

▼あなたの親（両親がいるならそれぞれ）にとってはどうですか。
▼このリストを参考に、あなたが自分のレパートリーに加えたい感情のリストをつくりましょう。
▼その感情を育てるためには、どんな支えが必要かを書きましょう。

この章で指摘している他のニーズと同様に、今まで表に出しにくかった感情に関しても、主体的に手に入れる、あるいは取り戻していくことが可能です。たとえば、自分が育った家庭では失望を表す余地がなかったとすれば、今でもあなたはその感情を表に出すことにうしろめたさを感じているはずです。ためしに、信頼できる誰かに、じつはこんなことに自分は失望していたのだ、と打ち明けてみてはどうでしょうか。相手の共感を得ることで、失望という感情に対してあなたが持っていた心のゆがみを正してもらうのです。

たとえば、「それはひどい！　私だってがっかりするわ」という言葉などがそうです。落胆を表現することを恥《はじ》だと思っていた人にとって、こうした言葉は頼もしい矯正《きょうせい》方法になります。

◆感情のスイッチを切ったりしないために

マザリング不足のまま成長した人の多くは、自分の感情にアクセスするための練習を続ける必要があるということを覚えておいてください。

子どものころ、母親に気持ちを気づいてもらえなかった、あるいは共感してもらえなかった人は、自分の感情とのつながりが希薄なのです。母親と何とかしてつながっていたいと思うあまり、自分の感情のスイッチを切ることを覚えてしまった場合さえあります。

こうした感情表現のスタイルは、抑圧に走るタイプもあれば、相手の関心を引くために大げさに表現するタイプもあり、個人差はありますが、一般に、養育者のスタイルを映しだしているとされます。

養育者が子どもの気持ちにつねに無関心であるとか、子どもに感情表現を許さないという場合、子どもは、当然ながら感情を抑圧することを学びます。一方、養育者が、あるときは子どもの気持ちを細やかに汲《く》み取って対応し、またあるときは全然反応しないという場合、子どもは助けを求めて感情を大げさに表現するようになります。これは研究でも判明していることです。

ここで自分のことを考えてみてください。

▼あなたは拒絶されるのを恐れて自分の気持ちを隠すほうですか。それとも、誰かに反応してほしくて、感情を「無理やりかき立てる」ほうですか。

▼両方に当てはまるという場合、他の感情に比べて隠しがちになるのは、どのような感情ですか。それはどのような状況ですか。どんなとき大々的に感情を表現しますか。感情に身を任せていると、どうなると

思いますか。

◆自分の居場所を求めて

母親との強い絆《きずな》を経験しなかった人の多くは、家族の他のメンバーや家族全体との絆も希薄だと感じています。それによってある種の欠落が生じます。家族は生きていくうえで必要なさまざまなもの、たとえば、ホームグラウンド、帰属意識、アイデンティティ、支えなどを与えてくれるからです。私たちは、自分を認めてもらえる場、抱きしめてもらえる場を、家族に求めるのです。

現在、自分の家族（パートナーや子ども）を持つ人は、その家族が幼少期に欠けていた絆の代わりを果たしてくれるかもしれません。では、家族と言えるのは実家しかなく、しかもその家族とのつながりが希薄だという人はどうでしょうか。一族や家族という拠点を持たない人は？

西欧社会では、一族やコミュニティという大きな集団の感覚が薄れる一方で、核家族が不釣りあいなほどに重要性を帯びてきました。今でも一つの村全体が家族のように機能している社会もありますが、ここでお話ししているのは、ごく少数の人間の集まりとしての家族です。

私たちを支えているのは、何十、何百もの絆ではなく、五つや六つ、もしかしたら一つや二つの絆にすぎないのです。それだけでは、自分はこの世とつながっている、そこに属しているという健全な感覚を保つのに十分とは言えません。

では、どうすればいいのでしょうか。家族とは別のところで絆や帰属意識を補強することです。それはおもに次のような方法で実現されます。

●困ったときには頼りになり、人生の重要な時期をともに祝ってくれる仲間は、「理想の家族」の役割を果たす

●ある種の集団とのつながりは、この世には自分の居場所があるという感覚を育てる。たとえば共通の興味や関心を持つ人たちの集まり、ヒーリンググループ、社会的グループなど。インターネットのコミュニティがそれに該当する場合もある。仮想のコミュニティだけでは十分ではないかもしれないが、多くの人に強い絆の感覚をもたらしている
●有意義な仕事（ボランティアであれ有償であれ）は居場所や生きがいを与える
●特定の場所との結びつきは、自分は行き場のない放浪者や「宇宙の迷子」ではなく、この星のここに生きているという感覚をもたらす。たとえば自分の家やその周辺に対する思い入れなどがそう。自分の住む土地に強い愛着を感じる人は多い

◆存在を認められるということ

幼いころに自分を映しだしてくれる鏡がなかったために、私たちには、自分に見えない部分が生じてしまいました。その見えなくなった部分を取り戻すための旅路を歩みはじめた今、改めて自分を見てもらうというプロセスが必要です。

もちろん自分で自分を見つめることもそのプロセスの一部ですから、どんなたぐいの自己探求でも役に立つことは立つでしょう。けれども、自分以外の誰かに見失っていた部分に目を向けてもらい、確認してもらうことこそが、行方不明になっていたパズルのピースを収まるべき場所に収めてくれるのです。

自分の姿を見失い、透明人間のように感じるようになった原因は、親が忙しすぎたり、心ここにあらずの状態だったり、子どもに目を向けることができなかったりしたことにあるとしても、それを継続させているのは、自分自身の習慣や、ある種の引きこもり状態なのかもしれません。

心が不在の親を持つことで生じた情緒的に不毛な砂漠――温《あたた》かみの感じられない生育環境――を生き抜

くためには、子どもはしばしば自分の殻に閉じこもります。手を伸ばして相手と人間関係を築こうとするのではなく、手を引っこめてしまうのです。したがって、心の傷を癒すための旅には、その殻を突き破り、現実世界へ戻るという行程も含まれます。

自分を見てもらうという機会を増やすために、創作活動や、演劇、コーラス、ダンスなどのパフォーマンス活動を加えてみてはどうでしょうか。私の母はほとんど自分を表現することのない昔気質の女性ですが、私自身は、その母と似たような引っこみ思案の傾向を脱却させてくれる活動、人が自由に自然になれる活動に参加すると、気分が晴ればれとすることに気づきました。

参加者に独《ひと》り舞台を用意して、しばらくの間他の参加者全員で注目するという方法を実践しているグループもあります。一人で中央のステージに立つ間、その人は好きなように自分を表現することができます。心の壁を透明にして、そのとき感じたことを感じたままに表現してみる、それだけで大きな救いになることが多いのです。

◆欲求は危険ではない

私たちは、欲求のこととなると、少なくとも最初のうちは自分の親と同じ態度をとるようになりがちです。たとえば、母親が子どもの欲求にいらだちや拒絶を示していた場合、その子は自分に対して寛容な気持ちをほとんど持てなくなるかもしれません。

私もセラピーを受けていたころ、欲求不満をぶちまけたとたん、ひどく後ろめたくなったことがありました。自分にあきれはてて「なんて欲張りなんだろう！」と言いたい気分でした。幸いだったのは、その気持ちが両親からの「お下がり」にすぎないと気づけたことです。

セラピストも「気づいたのね。よかったわ。私は、あなたが欲張りだなんて感じていないもの」と言ってくれました。

幼少期に欲求を満たされなかった人の多くは、欲求を恥《は》ずかしいこと、危険なことだと感じています。ある女性は、誰かに面と向かって甘えたりするのは、「これで私の喉《のど》を掻《か》っ切ってくれとナイフを渡すようなものだ」と心境を打ち明けてくれました。

彼女にとって、他者に依存しなければならないと感じることは、むきだしで無防備な感じを連想させ、傷つけられることに等しかったのです。

そんな気持ちを抱えて生きていくのは楽ではありません。だから今からでも、欲求は危険ではないこと、満たしうるものであることを学ぶべきです。そして、その欲求を「満たしたい」と思う人がいるということも！　このことを学ぶには多少のリスクがともないます。何しろ、やってみなければわからないのですから。

新しい経験は古い信念を変える助けになるでしょう。欲求を無視されつづけている子どもは、欲求を持つから拒絶されるのだと感じるようになります。するとやがて、「自分は欲張りなのだ」とか「自分の欲求は相手を遠ざける」と思いこむようになります。そうした思いこみは、欲求を表現し、満たされることによって解消されるのです。

まずは安心できる人にちょっとずつ欲求を表現してみましょう。そのほうがリスクは小さくてすみます。傷つくことに少しずつ慣れていくと同時に、欲求が満たされたときの成功体験も蓄積します。

自恃《じじ》型の愛着スタイルを持つ人の場合、「自分で何とかするしかない」という心境が「あなたが助けてくれてうれしい」に変化するまでの道のりは長いでしょう。それは、助けを求めることで他者とのかかわりが生まれることを学ぶプロセスなのです。

自分の欲求を知り、それを表現できるようになることは、重要な成長の証《あかし》であり、そのことが親密さを育てる、と作家のジェット・サリスとマレーナ・ライオンズは著書『無防備な愛（*Undefended Love*）』（未邦訳）の中で述べています。ただし、そればかりではありません。私たちは、パートナーに欲求を満たされなかったときでも、自分は大丈夫だと感じたいのです。サリスとライオンズはこうも指摘しています。「欲求が未解決のまま放置されたのが人生の早い段階であるほど、大人になってから相手が欲求を満たしてくれなかったとき、幸福感を維持することがむずかしくなる」

他者に依存するしかない赤ん坊のころ、欲求が満たされないと、しばしばその時点で意識が粉々に砕けてしまいます。それは「意識を一つにまとめておく」ための手段を持たなかった、つまり自分をコントロールするために必要な心の成長が得られなかったということです。欲求をめぐって、自分でも嫌になるほどの未熟さを感じたり、過敏になったりすることの原因は、そうした幼少期の心の傷にあります。

自分の中の洗練されていない部分をさらけだすのは恥ずかしいものですが、それも癒しに至るプロセスの一部です。子どものころの欲求をずっと未解決のまま放置してきた人は、その欲求を親密な関係に持ちこみがちですが、人間関係を成長のための通り道と考えるなら、むしろ歓迎すべきことなのです。

今の自分が癒しへ至る旅のどの辺にいるのかを確かめるために、次の質問に答えてみてください。

▼欲求を持つことについて、あなたはどう感じていますか。その感覚は、赤ん坊のころの自分の養育者の態度を映しだしていませんか。

▼困ったときには誰かが助けてくれると思いますか。それとも誰も当てにならないという感じのほうが強いですか。

▼もっとも表現しづらいのはどんな欲求ですか。

▼欲求を表に出して、部分的にしか満たされなかった場合、それはそれでかまわないと思いますか。自分の欲求を「持ちつづける」余地はありますか。それともとんでもない厄介者《やっかいもの》のようにいきなり切り捨てる、

あるいは、完全に封印しますか。

◆自分を大切にするセルフケア

先述のとおり、私たちには、自分が扱われてきたように自分を扱うという傾向があり、そのためにセルフケアの重要性を顧《かえり》みなくなる人もいます。なぜそうなるかというと、自分を大切にするという意識が欠けている場合もあれば、嫌悪感《けんおかん》からきている場合もあります。

ある女性は、誰かに肌の手入れをしたらどうかと指摘されると、「あなた（肌）の面倒なんか見てやるもんか」という強い気持ちが湧いてくるのだと言いました。皮膚にひび割れができるほど放っておいてから、ようやく保湿ローションを塗るのだそうです。私のところには、雪の日に靴下もはかずに現れた女性もいました。彼女は自分の足の冷たさに気づいていなかったのです。

そうかと思えば、内心、誰かに面倒を見てほしいという思いがあって、自分では何もしないという人もいます。私がよく耳にするのは、「自分で自分の面倒を見たら、誰にもかまってもらえなくなる」という考えです。「誰かに支えてもらえるとしたら、それは倒れたときだけでしょう」と言った女性もいます。

自分で自分の面倒を見たら、誰にもかまってもらえなくなるなどということはありません。私の交友関係を見渡してみても、こちらから手を差しのべたくなるのは、むしろ自助努力を惜《お》しまず自分を大切にしている友だちなのです。自分で自分の欲求の面倒を見ていれば、他者へのべったりした依存心や甘えから遠ざかり、他者にもそういう人間として扱ってほしいと示すことになります。

もっとも重要なのは、好ましいセルフケアを実践すれば、自分自身に今までとは違うメッセージを送ることになるという点です。理想的なセルフケアを行えば、自分に向かって「あなたのことを気づかっている。あなたは大切だ」と語りかけることになります。

ネグレクトを受けた子どもにとって、このメッセージは特効薬にほかなりません。
▼あなたは自分の身体や心の幸福のどんなところをおろそかにしていますか（できるだけ具体的に答えてみましょう）。そのパターンを変えるために、どんなことをしようと思いますか。また、おろそかにしていない部分についても、どうすればさらに改善できるか考えてみるといいかもしれません。
▼自分は大切にされていると感じたいとき、どんなことをすればいいか、リストアップしてみましょう。〈グッドマザー〉ならこんな助言や手助けをしてくれそうだと思う健全なことを探してみてください。たとえば、熱いお風呂に入る、足湯に浸《つ》かる、座り心地のよいソファに毛布と好きな本を持って丸くなる、スープか栄養たっぷりのホットドリンクをつくる、など。

◆人恋しい気持ちが推進力

親密さには開かれた心が必要です。相手を見ようとし、自分を見せようとすること、そして欲求や困っていることを隠さず自分を知ってもらうことが必要なのです。

冷淡な養育を受けたために心に澱《おり》を残してきた人にとって、実践するのはむずかしいかもしれませんが、それでも取り組むだけの価値はあります。長い間人間関係に失望してきたとしても、きっと心の奥底には人恋しさを抱えているはずです。

傷つくまいと身構え、臆病《おくびょう》になっているよりも、心の底の人恋しい気持ちを推進力に変えてはいかがでしょうか。

この問題に関して主体的になるための方法の一つは、親密さを育てたいときに自分がどんなことをしているかを見直してみることです。あなたのレパートリーにはどんな「愛着行動」がありますか。どうやったらレパートリーを増やせますか。次のことを考えてみてください。

▼危険を感じたときや困ったとき、あなたは慰めを受け入れることができますか（それも「愛着行動」の一つです）。
▼誰かがあなたを求めて手を伸ばしてきたとき、あなたはどのように反応しますか。誰かに必要とされることが嫌ではありませんか。
▼あなたは思いやりを込めて相手にタッチすることができますか。やさしく相手を見つめることができますか。
▼性的行為の間、相手との情緒的なかかわりを維持することができますか。
▼相手と親密になりかけると、不安やためらいを感じますか。

あるセラピストは、カップルの間で愛着の絆が強まると、お互いに相手の自己調整能力を促し、個人的な問題の解決を助けることになると報告しています。

自恃型の愛着スタイルを持つ人たちの場合、課題は自分の愛着システムを目覚めさせることにあります。愛着システムが目覚めれば、本来そうあるべき機能をもっと自然に果たすようになるでしょう。

親密な関係を受け入れる能力を磨くために、何ができるかを考えてみてください。

◆身体的、心理的な境界線を保てるか

すでに述べたとおり、〈グッドマザー〉には、子どもが成長して自分らしく生きられるような安全な場所、保護された場所を提供する、という機能があります。大人になった私たちにもその場所は必要です。

私たちを安全に快適に支えてくれる環境、自分を育ててくれていると感じる環境が必要なのです。〈グッドマザー〉がわが子に対してするように、大人である私たちは自分で自分に安全な場所を提供できるよ

うに学ばなければなりません。

支持的環境や安全で守られた場という感覚にはいくつかの側面があります。あなたの住まいは安全で、なおかつあなたが成長できる場でしょうか。そこにいたいと思うような場所ですか。自宅から一歩外に出るとどうなりますか。その周辺は心が休まる地域ですか。

他者との間にあるべき身体的、心理的な境界線についてはどうでしょうか。あなたは相手との距離を適切に保つことができますか。自分のプライバシーや心の領域に誰かが立ち入ること、詮索《せんさく》したりおせっかいを焼いたりすることを許しますか。

もし誰かがあなたの個人的な空間に、物理的または精神的にあなたが望まない形で踏みこんで来たら、安心できるほどの距離まで相手を押し戻すことができますか。

親が過干渉で、家族同士が互いに無関心どころか感情的に複雑に絡《から》みあっていた（纏綿《てんめん》状態にあった）という人にとって、一般に、境界線の問題の解決はよりむずかしくなるでしょう。

とはいえ、情緒的なかかわりの希薄な家族であっても、境界線の侵犯は起こりえます。そういう人が心の奥深くの傷つきやすい部分を表に出すために必要なのは、いざとなれば自分で自分を守ることができるという感覚です。

〈グッドマザー〉は、子どもに過酷《かこく》な思いをさせることも、過干渉になることもなく、それでいて子どもの欲求が満たされるように環境を整えますが、自分を大切にすることもそれと同じように、過不足のない状態とは何かに注意を払うことなのです。たとえば、人とのつきあいでなら、どんなことをすればやりすぎで、どんなことが不十分なのか、どんなことが理想的なのかを知ることがそうです。

しかもこれは量だけの問題ではなく、質の問題でもあります。どのような接しかたが好ましく、どのような接しかたがそうではないかを見きわめて、生きかたを調整しなければならないのです。つまりこの場合、保護と調整という二つの役割が合わさっているわけです。調整とはものごとを、過不足なく、ちょうどいい具合に加減することです。

では、あなたが保護者と調整者という〈グッドマザー〉の役割をどれくらい果たしているかを診断するための質問です。

▼あなたが自分の中の大切なものを守らないときがあるとすれば、それはどんなときですか。

▼過不足のないちょうどよい「安心感《ホールディング》」を自分でつくりだせるとしたら、それは今の状態とはどのように違うと思いますか。身体的な環境、社会的環境、心理的環境を含めて、できるだけ、さまざまな角度から考えてみてください。

◆心の内の生きる力を高める法

「力」がなければ、人生で成功することはむずかしいでしょう。スポーツであれ、ビジネスであれ、男女のつきあいであれ、人生のさまざまな局面で人と張りあううえで、力不足はその人の妨《さまた》げになります。

セラピストは、こうした力の有無《うむ》の感覚を、ときとして自己効力感または自己主体感（自分は環境に主体的に働きかけているという感覚）と呼びます。私たちはこの力を外的な状況を変えるものととらえがちですが、心の癖や気分など内的体験を変えうるものだと知れば、まさに力が湧いてくるのではないでしょうか。

ものごとを変えられると気づいたとき、あなたはもう犠牲者などではありません。

自己効力感を高めるためには、いくつもの方法があります。

① 自分の欲求を伝えるためのコミュニケーションスキルを伸ばす

② 「ノー」と言える力をつける（自己主張トレーニングや自己防衛術の講座で学ぶ）

③自分が力を発揮できる状況とできない状況を知る。また、自分の能力に関係なく、本質的に力を発揮しにくい状況があることも知っておく

④成功体験を自己概念（自分とはこういうものだと思っていること）の中に組みこんでいく。力を発揮できているのに、それに気づかないままでは自己効力感は育たない

⑤セルフトークを変える。セルフトークとは心の中の会話であり、とくに自分自身についてくり返される口癖のこと。否定的な評価やコメントを肯定的なもの、思いやりにあふれたもの、客観的なものに変えていくための講座、本、記事などがある

⑥自分の身体の持つ力を知る。ボディビルディングとは限らない。自分の身体とのかかわりを増やすこと。身体中心のセラピーや、ヨガのように自分の身体への意識を高める活動が有効

⑦自己効力感を阻害している問題をセラピーなどによって解決する

⑧具体的にどんなとき、どんなリソース（人や手段）が自分の助けになるかを学ぶ。自己効力感をつけたからといって、何もかも一人でこなさなければならないわけではない。世界中のＣＥＯ（最高経営責任者）を見よ！

◆「ないないづくし」の意識から脱却する

母親は私たちにとってはじめての環境です。その母親に何を感じたかによって、その後、私たちが世界をどんなふうに眺め、何を期待するかは大きく左右されます。

赤ん坊のころ母親が欲求に応えてくれなかった場合、一般に、その人は、この世にも応えてもらえるとは思わなくなります。母親に歓迎されなかった人は、この世界にも歓迎されていないと感じています。したがって、心の傷を癒すための努力の大半は、この世と母親を同一視しないようにすることに向けなけれ

ばなりません。この世に対する感じかたとこの世との関係の両方を変えていくのです。

私は、マザリング不足の人の多くが「ないないづくし」の意識とでも言えそうなものを抱えていることに気づきました。心の中に欠乏感がつねにあって、無意識のうちにそのフィルターを通してものごとを受け止めるようになっています。

人によっては、「ないないづくし物語」を紡《つむ》ぎだし、それが人生のテーマになっている場合すらあります。ないないづくしの物語は「私はいつだって恵まれない」とか「私はほしいものが決して手に入らない」といった思いで満たされています。しかも、しばしば自分以外の人間に対しては対照的な見方をします。つまり、自分は児童養護施設の一番端のベッドに寝かされている赤ん坊のようなものだ、いつだって順番が回ってくる前に、ほしいものが底を突いてしまう、と感じているのです。

あなたがこうした欠乏感を抱いているとすれば、次の質問に答えてみてください。

▼その欠乏感はどんな味がしますか。何かのイメージやたとえを使って、その感覚を表現できますか。

▼その欠乏感が人生にどんな影響を及ぼしているかわかりますか。

あなたの心は、ないないづくしの物語のもととなった経験で深く傷ついています。その物語を手放して、別の経験を受け入れられるようになるには、まず心の痛みを変容させなければなりません。

そのプロセスの一環として、自分の中に新しい人生観を抱くことの妨げになっている障壁がないか、探ってみるのもいいでしょう。そして満たされている状態とはどんな感じかを想像してみてください。

充足感のイメージは今のあなたの自己像のどんなところと異なりますか。そのイメージは、自分にはあれがない、これがないという感覚を、自分はこんなに満たされているという感覚にどう変化させていくでしょうか。

まったく不慣れなことを経験すれば、最初は衝撃を受けるかもしれません。これまで一度も十分に支えられたことがなかった人が、突如として全面的に応援してくれる誰かと出会ったら、現実とは思えずに、混乱するのも当然です。

宝くじに当選して突然豊かになったのに、数年後には元に戻ってしまった人もいるではありませんか。急激な変化は身につかないことがあるのです。

欠乏感は心に深く刻《きざ》まれているかもしれません。それでも私たちは、豊かさのにイメージに浸《ひた》りながら、その感覚を置き換えていく努力を重ねるしかありません。豊かさを想像するほうが幼いころの経験よりましかもしれないのです。

それに、いつか心の古い刻印《こくいん》を消して、欠乏感と完全に別れを告げることができるとしたら、上々ではありませんか。そのときには、ごくありふれた生活を送っていてさえ、豊かな気持ちで満たされることでしょう。

●幸運を数えるためのエクササイズ

この章の冒頭では、養育不足によって心に生じた隙間と隙間の間には陸地が広がっているという話をしました。自己効力感を手に入れ、欠乏感から抜けだすことは、自分の長所やリソースとしっかりつながることでもあります。

それには三つのリストをつくって考えてみるといいでしょう。一つ目はあなたが獲得してきた能力、二つ目はあなたが手に入れた幸運や恵まれた環境、三つ目は（おそらく一番の難題かもしれませんが）子どものころのポジティブな思い出を表します。

あなたがこれまでにできるようになったことを20項目挙げてみましょう。たとえば、次のようなものです。

●どうすれば、いい友人になれるか、人の支えになれるかを知っている
●リソースに恵まれている。必要な情報の得方を知っている
●自分にも他人にも思いやりがある（つねにとは言わないがたいていそうだ）
●自分の感情を認識できる。感じたことをそのまま行動で表すのではなく、言葉で表現することができる
●自分の持つ、かけがえのない価値を実感できる

自分は恵まれていると感じることを少なくとも20項目挙げてみましょう。たとえば、次のようなものです。

●犯罪の非常に少ない地域に住んでいる。自分は近所の人たちに受け入れられている
●ジュディは私にとても親切だ。道具を貸してくれるので、毎回買う必要がない
●夜はよく寝られる
●とても腕のいいマッサージ療法士にかかっている

子ども時代を振り返って、よかったことを20項目挙げましょう。そのうちの少なくとも半分は母親に関することを含めてください。

●幼いころ学校で兄が守ってくれた
●病気のとき母が医者に連れていってくれた。私が頭痛を起こしそうになると、察知して手を打って

くれた
●旅行中、父がよく車の中で歌ってくれたのは楽しかった
●私の身なりに関して、母がさりげなく気を配《くば》ってくれた

三つのリストはいつでも目を通せるように保管してください。いつもの欠乏感が忍び寄ってきたら、これらのリストを武器に追い返しましょう。

◆心身の調子を上向きにする万能薬

具体的な不足部分や心の傷の種類に関係なく、単純な癒し効果を持つ方法がいくつかあります。心身の調子を上向きにしてくれる「万能薬」には、創作活動や自己表現にいそしむ、自分の身体と仲よくなる、セルフトークを磨《みが》く、自然の中で過ごすなどが挙げられるでしょう。大自然に抱かれると、幼いころには知らなかった母の抱擁《ほうよう》を感じるという人は大勢います。

あなたにとっての万能薬につねに目を向けましょう。子どもの欲求に波長を合わせている〈グッドマザー〉のように、あなたも自分の欲求に波長を合わせていてください。そしてみずからをいたわり、強くしてくれるものを自分に与えてください。

本章では、幼少期に不足していたものを主体的に満たしていく方法を紹介してきました。そこへ第7章から第10章までに述べたことを合わせれば、時間をかけて取り組むべき材料は出そろったと思います。

さあ、今までの人生観を丸ごと入れ替え、物語を書き直していきましょう。

第12章　これから母親とどうつきあうか

◆心の傷の修復に向けて

「物語」という言葉にはいくつかの意味があります。一つは、何かについて自分なりに語ることです。自分で語る物語は客観的な事実とはずいぶん異なるかもしれません。

また、そうした物語はしばしば事実を見えにくくもします。たとえば、「自分にはあれがない、これがない」という欠乏の物語にとらわれていると、必要なものをどれほど手に入れていてもわかりにくくなるのです。

「物語」という言葉は、たとえば誰かの生涯を考えるときのように、何かの出来事を客観的に説明することを意味する場合もあります。人生を構成している一連の出来事に目を向けるわけです。

この章では、私たちの母親の物語（二つ目の意味）に注目し、それが私たちの物語（一つ目の意味）にどう影響しているかを検討します。さらには、それらの物語の影響が次の世代にどう受け継がれていくか、また、心の傷の修復に向けたさまざまな取り組みが今の自分と母親との関係にどんな意味を持つか、そして癒《いや》しのプロセスはつねに現在進行形であることについても考えます。

◆一人の人間としての母親の物語

幼少期に感じたことを主観的に語る物語は、当然ながら、自己中心的な性質のものです。自分の経験をもとにこの世界を解釈しているわけですから、母親についても、自分がそうだと思っている母親像にすぎません。

そこで立ち止まってしまうと、つまり、過去も現在も母親は自分にとってこういう人だ、と解釈したきりでいると、重要なピースを見失うことになります。あなた自身が何人かの子を持つ親だとしたら、そのうちの一人の子へのかかわりかただけで、あなたはこういう親だ、と決めつけられるものでしょうか。あなたにはもっとたくさんの顔があり、さまざまな人生の断片が親としてのあなたに深く影響しているはずです。

したがって、ここでのおもな課題は、母親をめぐる物語の狭い枠組《わくぐ》みから踏みだして、そこに一人の人間としての彼女を登場させることにあります。次のエクササイズを参考に、あなたのお母さんの人生をありのままに見つめ直してみてはどうでしょうか。

●母親の人生を語るエクササイズ

このエクササイズを実践する方法はいくつかあります。一つは、自分の母親の人生を友だちに語って聞かせるという方法です。もう一つは文章にすることです。長々と語ってもいいし、簡潔にまとめてもいいでしょう。

このあとの質問を参考にしても、しなくてもかまいません。自分に当てはまらない質問や答えられない質問は飛ばしてください。

＊自分の母親の生《お》い立ち、家庭的な境遇などについて、何か知っていることはありますか。あなたの母親は自分の親と仲がよかったですか。きょうだいは何人いて、その何番目でしたか。

＊あなたの母親は子どものころ幸せでしたか。どんな子ども時代だったと思いますか。
＊若いころの母親にとって、何が大切だったと思いますか。人生に何を望んでいましたか。
＊自分の家族を持つ以前の母親が、どれほど「自分自身を理解していた」と思いますか。
＊あなたの母親は親密なつきあいをどのように切り抜けてきましたか。
＊あなたの母親はなぜ子どもをつくったのですか。
＊赤ん坊を育てることは、あなたの母親にとってどんな意味を持っていましたか。育児はとりわけつらいことだったのでしょうか。当時、あなたの母親にはどのような支えがありましたか。
＊当時、何か他に進行中だったことはありますか。家庭内と、社会でどんなことが起きていましたか。社会的、経済的なストレスはありましたか。
＊あなたの母親の健康状態、全体的な体調や気分がどうだったか、知っていることはありますか。
＊あなたの出生時の状況はどうでしたか。その状況が、母親との絆《きずな》の形成に何か影響を及ぼしたと思いますか。
＊あなたの母親は外で働いていましたか。それはどのような仕事でしたか。母親は仕事を楽しんでいましたか。その仕事にやりがいを感じていましたか。
＊思春期の子どもを育てることは、あなたの母親にとってどういう意味を持っていましたか。
＊あなたの母親が親として役割を果たすことがとくにむずかしそうな時期はありましたか。あったとすれば、それは子どもが何歳のころ、あるいはどのような成長段階のときでしたか。そのことはあなたにどう関連していますか。
＊あなたの母親が若いころや中年のころ、他にどんな重要な出来事がありましたか。
＊あなたの母親の最大の長所と最大の短所は何ですか。

＊あなたの母親が人生でもっとも苦労したことは何ですか。
＊あなたの母親はあなたの育てかたに満足していたと思いますか。
＊あなたの母親の人生で、もっとも満たされていなかったのは何ですか。
＊あなたの母親が本心を明かせるとしたら、どんなことを後悔していると言うでしょうか。
＊あなたの母親の人生に題名をつけるとしたら、どんなタイトルがふさわしいですか。

●母親の人生のステッピングストーンを探すエクササイズ

あなたの母親の人生の物語に、別の（追加の）方法で、大まかに色をつけることができます。これは、心理学者アイラ・プロゴフが編みだした「インテンシブ・ジャーナリング」というテクニックにもとづくもので、ステッピングストーンのリストと呼ばれています。

プロゴフは、人生の節目となるような大きな出来事という意味でステッピングストーン（踏み石）という言葉を使いましたが、出来事に限らず、人生の中で特定の雰囲気や性質を帯びていた時期全体を指すこともあります。

プロゴフはステッピングストーンのリストに含めるのは8～10項目が最適であり、12項目を越えないようにと示唆《しさ》しています。時系列や重要度の順に並べる必要はありません。このリストづくりは、あくまでも、自然に頭に浮かんできたステッピングストーンを書きだしていくプロセスなのです。一生懸命に考えるよりも、リラックスして思い浮かぶままに任せたほうがうまくいくでしょう。

以上のことを念頭に、お母さんの人生の節目となったステッピングストーンを8～12項目、挙げてみましょう。

●母親からの手紙を書くエクササイズ

この三つ目のエクササイズでも新たな発見がもたらされるかもしれません。あなた自身に宛てた母親の手紙を書くのです。本人が存命中でも、すでに亡くなっていてもかまいません。あるいは、今もあなたと連絡を取っているとしても関係ありません。

仮に母親が素直に気持ちを打ち明けられる人だったとしたら、あなたにどんなことを話すだろうと想像しながら書いてください。あなたたち親子の関係、何かの問題、母親があなたに求めていることなど、面と向かっては言えそうもないことを思いつくままにつづってみましょう。

手紙を書いたあと、どんな気持ちがしたかを覚えておいてください。

セラピーを通じて、自分の母親の視点に立ってみるという方法もあります。たとえばゲシュタルト療法（訳注：「今ここ」での気づきを通して心身の完全統一を試みる心理療法）、ロールプレイング、サイコドラマ（訳注：劇形式のグループ療法）、ファミリー・コンステレーション（訳注：体系的家族療法の一種）などで、参加者が母親になったつもりで語り、演じるという方法です。その際には、外向きの母親（ペルソナ）の視点ではなく、心の奥深くの視点に立つ場合もあるでしょう。

こうしたセラピーで、「母親」に成り代わったクライエントが、「自分はむなしい人間だ。何も与えられるものがない」と心情を吐露《とろ》したことがあります。娘が満たされずにいたことを知っていたので、その母親はつらくて娘に目を向けることができませんでした。

母親の経験を理解することは重要です。一つには、自分自身に問題があるという思いこみを和《やわ》らげてくれるからです。たとえば、母親は愛情表現が苦手だったのだ、とわかれば、あなたは、愛される価値がないという感情から簡単に抜けだすことができるでしょう。あるいは、自分の母親には誰かを導くという経験も、おそらく誰かに導かれるという経験もなかったのだ、と気づけば、あなたは孤独な迷子の感情にひたすら浸っていることもなくなるはずです。

こうして母親の姿がはっきり見えてくるにしたがって、母親に少し心を寄せられるようになります。彼女は彼女なりに精一杯のことをしていたのだ、と。

◆自分の物語を語ってみる

「傷ついた母親に対して思いやりをもつことは、自分の中にある傷ついた子どもに背を向けることではない」と心理療法士のイヴリン・バソフは書いています（『娘が母を拒むとき』村本邦子・山口知子訳　創元社）。母親の物語は全体像の一部にすぎません。そこには私たちが生きてきた物語もあるのです。

前章で述べたように、私たちの物語は意識の表に完全に出ているとは限りませんが、引っぱりだしてくることは可能です。この章の最初のエクササイズでは、あなたの母親の人生を語ってみるようにお勧めしました。今度は自分の物語を語ってみてはいかがでしょうか。

口頭でも書面でも、長編でも短編でもかまいません。簡潔にまとめると、テーマがわかりやすくなるという利点があります。自分の人生全体を振り返ったとき、はたして、どんな特徴が浮かびあがってくるでしょうか。

私は、はじめて自分の物語に取りかかったとき、子ども時代から書きはじめることができませんでした。

幼いころのことを思うと心をわしづかみにされ、つらすぎて、悲しすぎて、先へ進むことができそうになかったのです。

そこで、一八歳で家を出るところから書きはじめることにしました。そこから現在へと向かい、さらに未来へ物語を書き進めていくと、最後には笑みがこぼれました。とくに結末はお気に入りでした。力がみなぎって癒されていくのが感じられたからです。

今の私なら、子ども時代から書きはじめることも不可能ではありません。もう感情にのみこまれて立ち尽くすようなこともなく、子ども時代をありのままに書けるだろうと思うのです。

あなたも心の傷が癒《い》えるにしたがって、物語は変化していくでしょう。母親に対する客観的な理解が進むと同時に、自分で自分をいたわり、欲求を満たし、不足していた母性的養育を補うようになると、人生は変わりはじめるのです。

◆母と子の心のダンスが始まる

母親の物語とあなたの物語が交わるところから母子のダンスが始まります。このことは重要ですから、ぜひ心に留めておいてください。同じ母親から生まれたきょうだいであっても、なぜまったく異質の母子関係を経験するのか、という疑問の答えにもなるでしょう。

きょうだいはあなたとは違う感受性を持って生まれてきます。欲求も異なれば、母親との相性も異なります。赤ん坊の神経が図太くて、さらに母親との相性がよければ、たとえその他の条件がすべて同じでも、母子関係はうまくいくでしょう。けれども、他の条件がすべて同じなどということ自体ありえません。

たとえば、母親が自分の親か配偶者を亡くして悲しみに暮れ、一時期、育児どころではなかったとしましょう。そのとき子どもがたったの生後一二ヵ月だったか、六歳だったかでは、経験の内容は異なります。

このように、母と子の間でくり広げられる心のダンスは、きょうだいそれぞれにユニークなものなのです。

▼あなたと母親の関係をひとことで表すとしたら何でしょうか。冷めた関係？　敵対関係？　あなたたち母子の軋轢《あつれき》には何か特定の原因はありますか。それは表面的なお決まりの問題ではありませんか。母親と仲よくなれる瞬間はありますか。あるとしたら、そのときどんな気持ちがしますか。その親しさは好きですか。それとも違和感があって、受け入れがたいですか。

先ほどは、ステッピングストーンを足がかりに母親の人生を探索しました。それと同じように、母親と自分の関係についても、ステッピングストーンをリストアップしてみましょう。二人の関係の大きな節目となる出来事や時期を、8〜12項目挙げてください。

◆悪循環を終わらせる

癒されていないことはくり返される、というのは多くの人が認めるところです。その逆に、幼いころに家庭環境で身につけたパターン（たとえ代々受け継がれてきたものだとしても）から脱却していれば、今までの悪循環を断ち切り、次の世代には別のものを伝えることが可能です。

ハーヴィル・ヘンドリクスとヘレン・ハントは、著書『癒しの愛を与える子育てガイド』（前出）の中で、親は自分が心に傷を負ったのと同じ発達段階でわが子を傷つけると述べ、その解決方法として、結婚によって伴侶《はんりょ》とともに幼少期の傷の回復に意識的に取り組むことを提唱しています。

ただしそれは一つの方法にすぎません。ヘンドリクスとハントは、親が幼いころに自分が手に入れられなかったものをわが子に与えるように努力すれば、みずからも癒されていくと考えています。

私が面接した人たちにも両方の現象が見受けられました。子育てのパターンも結婚のパターンも、多くは明らかに世代を越えて受け継がれていましたが、その一方で、解決に向けて働きかけをしたとき、そのパターンが変化していくことを示す例もたくさんあったのです。

ある女性は、母親から受けたのとは違う子育てを実践するために、たいへんな努力を重ねたと語ってくれました。そして熱心に育児に励んでいるうちに、気づくと自分の心の傷も癒されていたそうです。

ローリーという女性からはまったく異なる話を聞きました。母親の愛情不足で心に生じた隙間は、最初の子を産んだことでふさがるどころか、顕著になったと言います。自分の内側から母性的本能としか考えられないものがあふれでてくるのを感じたとき、子どもを産んでこんな気持ちにならない女性がいることが理解できなかったそうです。ついにローリーは自分の母親と向きあい、幼いころになぜ自分と情緒的なかかわりを持ってくれなかったのかと問い詰めたのでした。

私が面接した人たちの中には、特別な働きかけのないまま、時とともに親の側が変わりはじめ、今ではよい祖父や祖母になっている、と答えた人が何人かいました。おそらく、そういう親たちは、当時、一時的に育児の妨《さまた》げになるようなストレスを抱えていたか、その後、何らかのプロセスを経て、人間的に成熟したのではないでしょうか。現に、祖父母になっても、依然としてまったく孫に関心を持たない、反応の鈍い人たちもいます。いくら時が流れようと、それだけではこちらが望むような変化は期待できないのです。

家族の負の遺産を変えるために、あなたにできるもっとも重要なことは、親であることとは何かを積極的に学び、それとともに自分を癒すための努力を重ねることです。

◆自分が何を求めているかを見きわめる

マザリング不足のまま育った人の多くが頭を抱えるのは、今も母親が存命中の場合、どうつきあっていけばいいのかという問題です。全員の問題を解決できるようなたった一つの正解はありません。

母親といっさい連絡をとらない、または必要最小限にとどめるのが最善策だと考える人もいます。いざ実践するとなると、なかなかむずかしいかもしれませんが、ときには相手に何の進歩も期待できないこともあり、そういう場合は、心痛しかもたらさないような行動をとるより、自分を守ることを優先すべきでしょう。

こうした例外を除けば、たいていの人が頭を悩ませるのは、はたして母親との関係改善のために努力すべきか、そうだとすれば、どこまで努力すればいいのかという問題です。

母親とのこれからの関係と、母親から受けた心の傷を癒すための努力はまったく別物だと言うと、読者はショックを受けるかもしれません。もちろん、心の傷の回復具合は母親との関係に影響を及ぼします。あなたの側の感情や反応が変化するだけだとしても、それはささいな変化などではありません。

そうは言っても、このダンスは二人で踊るダンスです。相手には相手の踊りかたがあります。もし母親が心を固く閉ざしているとすれば、この先も変わらない可能性は高いでしょう。ステップの変化に応じるだけの能力に限界があるのです。

ですから、あなたが喪失《そうしつ》の原体験を突き止め、悲嘆の時期を経て、心の隙間を埋めるなり、育て直しを経験するなりしても、じつの母親はその旅にまったくつきあってくれないか、あるいは、気づきさえしないかもしれません。

これまでの失望や苦労や成功に共感してほしいと願うあなたに対して、母親があまり反応できない、ということもありえます。「どこにも頼れない」（129ページ）で、成人したわが子がSOSを発していても、それに応じられなかった母親のケースを紹介しました。

このように、こちらが心情を吐露しても、相手に応えてもらえるという保証はありません。これ以上、かかわらないでほしいと思っている母親さえいるのです。

その一方で、互いの距離を縮めるための努力を受け入れるようになる母親もいます。私との面接で母親との関係が改善したと語った人たちを見ると、和解に向けて口火を切ったのは、大人になった子どもの側だったというケースが大半を占めていました。

子どものほうが成長して母親にやさしく接することができるようになったのに対して、ほとんどの母親は、自分から最初に歩み寄ることはできないようでした。成長し、心の傷を癒し終えた子どもたちのほうが、母親の限界を理解し、母親を赦《ゆる》し、自分の人生に母親を迎え入れようと思えるようになったのです。

その中には母親と対決した人も何人かいました。そうやってわだかまりを解いたことによって、やがては、母子の間にやさしい感情が流れるようになったようです。相手と向きあうことは、積極的にかかわろうとすることであり、やりかたが正しければ、親しみを表すことにもなります。

もちろん、母親が成人したわが子に歩み寄るというケースもあるでしょう。そして、それを子どもが受け入れられないというケースも。ある女性は、母親が電話の最後に「愛しているよ」とまったく聞きなれない言葉を発したので、あまりの唐突さに面喰《めんくら》って返事ができなかったと語ってくれました。

あれほど冷淡で無関心だった母親が、今度は自分をのみこもうとしているように感じられて怖かったとも言います。このように心の問題はじつに複雑です。母親との関係が冷め切っている場合であっても、子どもの側は、こんなふうに自他の境界線を見失ったような感覚に襲われることがあるのです。

重要なのは、自分が何を求めているのかよく考え、何が可能かをできるだけ客観的に見きわめ、どのようなリスクなら引き受けられるかを知っておくことです。次の質問が役立つかもしれません。

▼あなたの母親は今より温《あたた》かくて誠実な親子関係をどのくらい受け入れる度量があると思いますか。
▼あなた自身の度量はどうですか。

▼あなたは何を求めていますか。「〇〇すべきだ」というような考えが働いていませんか。たとえば、「自分は母親と仲よくすべきだ」と考えているとすれば、とりあえずその考えを脇へ置いたとき、あなたが求めているものは何ですか。
▼事態がいっこうに改善しない場合はどうなると思いますか。
▼母親との関係がより現実的なものになることに恐怖心はありますか。
▼あなたの働きかけに、母親がときには反応を示したり、ときには反応を示さなかったりしたら、どんな気持ちになると思いますか。

◆ときおり休憩しながら自分のペースで

心の傷を癒す旅の途上にいる人なら、これがとても骨の折れる作業だということにお気づきでしょう。じつに大々的な改修工事なのです。自分自身を手直しするという、この作業の課題は、大脳辺縁系《だいのうへんえんけい》の働きから心の根底にある中核信念まで、自己概念から他者とのかかわりかたまで、胸を締めつける不安から、はては自分には人を愛し、お金を稼ぎ、安眠することができるのかという問題まで、じつに多岐《たき》にわたるのです。

おそらくこうしたプロセスには、数十年とは言わないまでも数年はかかるでしょう。読者をがっかりさせたくはないのですが、これは簡単なプロセスでもありません。あっというまに傷が癒えたという人は、私の知る限り一人もいないのです。

ですから、自分のペースで進めなければなりません。ときおり休憩を取りながら、進捗《しんちょく》状況を眺め、自分をほめることを忘れないでください。あなたが何かを達成してもほめるどころか、目を向けてさえくれなかったお母さんの二の舞を演じてはいけません。

成長のプロセスは直線的ではなく螺旋状《らせんじょう》に進みます。途中で何度も同じような問題にぶつかるでしょう。そのたびに何の変化も起こせず通り過ぎるとしたら、あなたには助けが必要だというサインです。ただし通常は、幼いころに得られなかったものを嘆き、不条理を悲しみ、満たされなかった欲求を満たす、というサイクルを何度かくり返すものなのです。永遠に続くわけではありません。

この癒しのプロセスは恵みをもたらします。もちろん、一度ばかり盛大に涙を流せば、長年ためこんできた悲しみが晴れるというような簡単なプロセスではありませんが、思いのほか、歩みが捗《はかど》る場合もあるのです。

成長の道のりが平たんではないことを知っている〈グッドマザー〉は、子どもが転んでも、バカにしたり、叱《しか》ったりすることはありません。私たちも自分に対して、同じように思いやりと忍耐力を持ちましょう。ベストを尽くしていても、うまくいかない日はあるのです。

◆受け取りそこねたものは、これから受け取ればいい

癒しのプロセスにほんとうの意味での終わりはありません。けれども、いつか心の痛みが治まり、母のない子のような気持ちが完全に消えてなくなるときは来るでしょう。癒しのプロセスに終わりがないのは、私たちがつねに変化を続けているからです。

ひとたび過去から解き放たれれば、ただ時が流れるだけでものの見方は変わるでしょう。つまり、傷の回復が大々的に進んでからの一、二年後と、一〇年後とでは感覚が違ってくるはずなのです。そのころには過去はさらに遠いものに感じられることでしょう。

心の傷が深ければ、何ごともなかったようにふるまうことはできません。いつまでも傷つきやすいままではないとしても、少なくとも、傷を負った記憶は残ります。それでも、癒しのプロセスを経て、傷の力

が弱まれば、同じところをつつかれても反応は変わるのです。

傷を刺激されるたびに、子どものころの感情にとらわれたままでいるのではなく、少し視点をずらして、自分の中の子どもに目を向けられるようになるでしょう。インナーチャイルドの感情に縛《しば》られるのではなく、その子の望んでいることに「応えられる」ようになるのです。

そうやって心の傷と向きあっているうちに、私たちのアイデンティティはゆっくりと変化していきます。いつのまにか私たちの物語も変わり、人生も変わっているでしょう。そのときには、心の口癖も変わらないはずがありません。私が面接したクライエントの一人はこう語りました。

「まだ心に傷はあります。でも、その傷が私の人生を動かしているわけでもないし、私という人間の中身を決めているわけでもありません」

〈グッドマザー〉の代理を見つけて、あるいは、自分で自分の〈グッドマザー〉となり、インナーチャイルドの世話をするようになれば、あなたの心には、母親に育ててもらえなかったという気持ちに代わって、母親に十分育ててもらえたという気持ちが芽生えるでしょう。

そして、自分は愛されている、支えられている、大事にされていると感じられるようにもなるでしょう。もちろん過去をやり直すことはできませんが、あのころに受け取りそこねたものは、これから受け取ればいいのです。

小説家のトム・ロビンスが言うように、「幸せな子ども時代を送るのに遅すぎることは決してない」のですから。

おわりに――セルフケアを忘れずに

自分の世話をするという意味がまったくわからない人が大勢います。心が不在の母親のもとで成長した人には、きめ細やかな世話がどんなものかを知る手がかりがありません。そのために苦痛のサインを無視することが身についてしまった人が多いのです。

その種の生《お》い立ちを持つクライエントの一人が、少しばかり驚いた様子で尋《たず》ねたことがあります。

「セルフケアって何でしょう。意味がわからないんです。よく食べ、よく眠り、よく運動することですか？」

そうです。でも、それだけではありません。

正しいセルフケアとは――

① 自分の心が喜ぶものを見つけること

たとえば、お気に入りの石だったり歌だったり、特別な場所に座ることだったり、特別な人に電話することだったりするでしょう。

② つらいときに頑張りすぎないこと

③ 苦しんでいる人、苦しんできた人に思いやりを持つこと

その人とはあなた自身のことです。苦しんでいる親友に心を寄せるように、自分にも心を寄せることができますか。

④ 楽しいひとときを実現してくれる、またはストレスを発散させてくれる（健康的な）活動を見つけること

⑤ 自分にやさしくすること

愛する人に語りかけるように、自分自身にも共感といたわりの気持ちを持って語りかけることができますか。自分の顔や腕にやさしくふれることができますか。休みが必要なときに休むことができますか。

⑥ つらいことや不都合なこと、生活に支障をきたすことにはいっさい蓋《ふた》をして見ないようにするのではなく、自分の欲求にきちんと対応すること

自分が何を感じ、何を必要としているかを尊重し、丁寧《ていねい》に扱わなければなりません。

病気が治《なお》りかけの人をいたわるときには、体を休めて早く全快できるように、食事を運んだり家事を手伝ったりするものです。感情的な傷から立ち直りかけている自分をいたわるときにも、心に栄養を与え、人生が少しでも楽になるようなことをしましょう。つまり、誰かの期待を満たすことよりも、自分自身を、自分の幸せを最優先にする、ということです。頑張るのはすばらしいことですが、癒しのプロセスほど重要とは言えません。

怪我した指に当てるパッドのように、正しいセルフケアはあなたの神経を守るクッションになります。自分に悪影響を及ぼしそうなものには注意しましょう。音や温度や光の変化、消化の負担になりそうな食べ物や飲み物、心を乱しがちな人間関係などがそうです。

心の傷の回復に取り組んでいるとき、あなたの神経はいつもより余計に働いているのです。しかも、その神経は、スタート地点からすでにハンデを負っているということもお忘れなく。

ですから、普段より少しだけ自分に余裕を持たせましょう。たとえば、睡眠時間を長めに取る、請求書の処理に充《あ》てる時間を日記に回す、一人になりたければつきあいの集まりは途中で抜けだす（あるいは最初から行かない）、といった具合に。

そうやって自分をいたわっていると、きっと手ごたえを感じるはずです。身体がリラックスし、気持ちに余裕が生まれてくるのを感じたら、セルフケアがうまくいっている証拠です。

その調子で続けていきましょう！

著者略歴
ジャスミン・リー・コリ
コロラド州の認定心理療法士としてボルダー市にて開業。専門は、幼少期に虐待やネグレクトを経験した成人へのセラピー。理学修士。認定カウンセラー。さまざまな大学や専門学校で、一〇以上の心理学関連講座を受け持ち、カウンセリング・スキルなどを教えてきた。福祉機関での勤務経験もある。
著書には『トラウマを癒す(Healing from Trauma)』、『瞑想の道：精神生活の再発見(The Tao of Contemplation: Re-Sourcing the Inner Life)』などがある。

訳者略歴
浦谷計子
翻訳家。埼玉県に生まれる。立教大学文学部英米文学科を卒業。外資系企業勤務、海外居住経験を経てフリーランスの翻訳家に。
訳書には『だからお客に嫌われる』『アンフェアにたたかえ！』（以上、日本経済新聞出版社）、『人生の短さについて』（PHP研究所）、『ママがしあわせになれる！魔法の子育てルール』（メイツ出版）などがある。

母《はは》から受《う》けた傷《きず》を癒《いや》す本《ほん》
――心《こころ》にできた隙間《すきま》をセルフカウンセリング

二〇一五年一月一二日　第一刷発行

著者　ジャスミン・リー・コリ
訳者　浦谷計子《うらたにかずこ》
発行者　古屋信吾
発行所　株式会社さくら舎　http://www.sakurasha.com
東京都千代田区富士見一-二-一一　〒一〇二-〇〇七一
電話　営業　〇三-五二一一-六五三三　FAX　〇三-五二一一-六四八一
編集　〇三-五二一一-六四八〇
振替　〇〇一九〇-八-四〇二〇六〇

装丁　アルビレオ
カバー写真　©Tim Robinson/Millennium Images, UK/amanaimages
翻訳協力　株式会社トランネット　http://www.trannet.co.jp
印刷・製本　中央精版印刷株式会社

ISBN978-4-86581-001-1